UNIVERSITÉ DE MONTPELLIER — FACULTÉ DE DROIT

DE L'INTERVENTION DE L'ÉTAT
dans les
ASSURANCES

THÈSE

pour le

DOCTORAT ÈS SCIENCES POLITIQUES ET ECONOMIQUES

PAR

René COSTE

Avocat à la Cour d'Appel

Attaché au Parquet du Procureur de la République

MONTPELLIER
Imp. CASTEL, 1, rue de Sauvages
—
1928

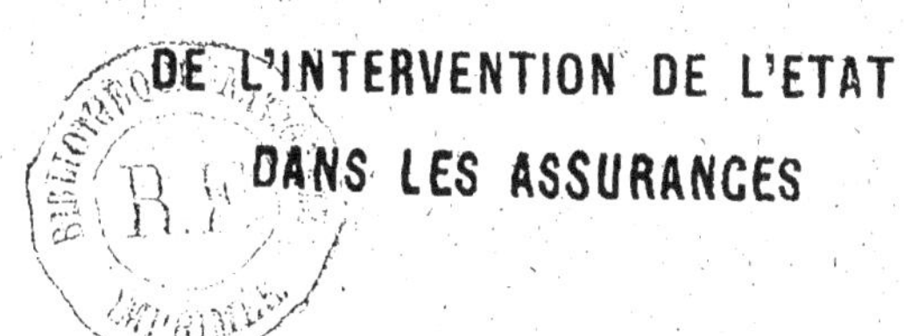

DE L'INTERVENTION DE L'ETAT DANS LES ASSURANCES

UNIVERSITÉ DE MONTPELLIER -- FACULTÉ DE DROIT

DE L'INTERVENTION DE L'ÉTAT

dans les

ASSURANCES

THÈSE

pour le

DOCTORAT ÈS SCIENCES POLITIQUES ET ECONOMIQUES

PAR

René COSTE

Avocat à la Cour d'Appel

Attaché au Parquet du Procureur de la République

MONTPELLIER

Imprimerie LAVIER et CASTEL

1, rue de Sauvages, 1

1923

UNIVERSITÉ DE MONTPELLIER

Faculté de Droit

MM. Moye, professeur de Droit international public. Doyen.
Morin, professeur de Droit civil, assesseur.
Valéry, professeur de Droit commercial, chargé du cours de Droit international privé.
Donnedieu de Vabres, professeur de Droit criminel.
Becqué, professeur de Droit civil.
De Nesmes-Desmarets, professeur de Droit administratif.
Roche-Agussol, professeur d'économie politique.
Vialleton, agrégé de Droit civil.
Bosc, agrégé de Droit civil.
Viard, agrégé d'Histoire du Droit.
Bastid, chargé de cours de Droit constitutionnel.
Dijol, chargé du cours de procédure.
Tisset, chargé du cours de Droit romain.
Teillard, chargé de cours d'Economie politique.
Vigié et **Brémond**, doyens honoraires.
Laborde et **Chausse**, professeurs honoraires.
Rochette, secrétaire.

MEMBRES DU JURY :

MM. Roche-Agussol, *président*.
Vialleton, agrégé, } *assesseurs*.
Teillard, chargé de cours. }

La Faculté n'entend donner aucune approbation ni improbation aux opinions émises dans les thèses; ces opinions doivent être considérées comme propres à leurs auteurs.

A LA MÉMOIRE DE MON GRAND PÈRE

FELIX SABLIER

Inspecteur Général de la Compagnie d'Assurance
L'Urbaine-Incendie

A MA MÈRE, A MON PÈRE

Faible témoignage d'amour filial.

A MON FRÈRE, A MA SŒUR

A MES PARENTS

A MES AMIS

R. COSTE.

A MON PRÉSIDENT DE THÈSE

MONSIEUR LE PROFESSEUR ROCHE-AGUSSOL

A MON JURY DE THÈSE

A TOUS MES MAITRES

R. COSTE.

DE L'INTERVENTION DE L'ETAT DANS LES ASSURANCES

INTRODUCTION

La question de l'intervention de l'Etat s'est posée dès les débuts de l'assurance, c'est-à-dire dès les XIIIe et XIVe siècles, alors que l'assurance maritime, branche mère de toutes les assurances, commençait à prendre une réelle importance.

Dès cette époque, en effet, l'assurance fait l'objet de nombreuses mesures réglementaires. Comme elle dégénère trop souvent en un véritable jeu de hasard, les abus auxquels sa pratique a parfois donné lieu suscitent des mesures restrictives ou même prohibitives.

En 1329, elle fut interdite à Gênes, quelques années plus tard à Florence. Parmi les principaux documents relatifs à l'assurance maritime au XVe siècle, nous rappellerons l'ordonnance de Barcelone de 1435, qui reproduit d'ailleurs, en les modifiant, des ordonnances antérieures. Cette ordonnance fut, par suite, l'objet de modifications en 1443, 1455 et 1461 ; une rédaction nouvelle en fut donnée en 1484. Au XVIe siècle le mouvement législatif relatif à l'assurance s'accentue : « En 1522, dit Chaufton, parait à Florence le fameux statut du Conseil des Cent suivi des quatre ordonnances de 1523, 1526 et 1528. Gênes, Naples eurent aussi leurs ordonnances. L'Espagne et le Portugal promulguèrent également des lois sur l'assurance sous Philippe II. On trouve encore des lois sur l'assurance promulguées en Hollande sous Charles-Quint et sous Philippe II (1). »

En Angleterre, la législation en cette matière fut aussi très active ; des précautions furent prises contre les abus auxquels pouvait donner lieu l'assurance, mais l'institution elle-même ne fut jamais frappée d'interdiction. En 1574, une ordonnance de la Reine Elisabeth autorisa un certain Richard Chandler à établir une chambre d'assurance dont le rôle était d'enregistrer les polices et de leur conférer une authenticité officielle. Vers la fin du XVIe siècle, l'assurance maritime était pratiquée dans toute l'Europe occidentale, en France, en Espagne, en Italie, en Flandre, en Angleterre. Le Guidon de la Mer, qui date de cette époque, codifie les les usages en vigueur ; la plupart des décisions en ont été reproduites par l'ordonnance de Louis XIV, d'août 1681 (2). Cette même ordonnance prohibait les assurances sur la vie.

Ainsi apparaissait la nécessité d'une réglementation des assurances. Cependant, l'assurance était loin, à cette époque, d'avoir atteint un développement comparable à celui qu'elle devait prendre plus tard. Son champ

---

(1) Chaufton. — Les Assurances, leur présent, leur passé, leur avenir ; Paris, Chevalier Maresq, 1884. Tome 1, page 350.

(2) Voir sur tous ces points la « Collection des lois maritimes antérieures au 18e siècle » de Pardessus. — Paris, Imprimerie Royale 1828-1845.

d'action était assez réduit, puisqu'elle s'appliquait à peu près uniquement aux risques maritimes. Elle n'était, au surplus, exploitée que par des individus isolés et l'opération d'assurance consistait, en somme, dans le simple déplacement du risque d'un individu sur un autre. Enfin elle manquait de ces bases rationnelles qui, seules, devaient lui permettre de se séparer définitivement du jeu. L'évolution de l'assurance vers la formule d'organisation actuelle ne devait se réaliser que lentement.

Ce fut en Hollande qu'apparurent, au début du XVIIe siècle, les premières Sociétés par actions : la Compagnie des Indes Orientales fut fondée en 1602. Mais il fallut attendre encore de longues années avant de voir appliquer à l'assurance ce puissant instrument de production que constitue l'association de capitaux. La première compagnie d'assurances maritimes fut fondée en Angleterre en 1720. « Ce développement économique et financier de l'assurance, dit Chaufton, avait été précédé ou suivi dans les différents pays d'un développement correspondant dans la législation. Au XVIIe siècle la France, l'Angleterre, la Hollande, l'Italie, la Suède refont leurs lois maritimes ou en promulguent de nouvelles. Mais si l'association avait donné une force nouvelle aux capitaux assureurs, elle n'avait pu leur donner une direction fondée sur des principes certains. La spéculation s'était emparée plus que jamais de l'assurance et, à la fin du dernier siècle (le 18e) menaçait de la dénaturer complètement. » (1)

---

(1) Chaufton. — Les Assurances, p. 352. Tome I

L'assurance ne reposait sur aucune base scientifique et cela ne laissait pas de nuire à son développement.

Cependant, vers le milieu du XVIIe siècle, le financier Napolitain Tonti avait essayé d'acclimater en France le projet d'une association à capital commun dont les intérêts, à chaque âge, seraient répartis entre les vivants. Ces intérêts devaient croître sans cesse en raison de l'augmentation progressive des décès. Ce projet échoua, mais il en subsista une indication précieuse : « La supputation de la durée moyenne de l'existence entra dans la pratique, dit à ce sujet M. Ferdinand Gros ; et les mathématiciens philosophes des XVIIe et XVIIIe siècle n'eurent qu'à méditer cet empirisme et à le comparer aux habitudes des joueurs pour élever la probabilité à la dignité de la science. *Pascal, Huyghens, Halley, Moivre, Deparcieux créèrent le calcul du risque en même temps que celui de la chance, et préparèrent* l'avènement de l'assurance technique qui, dominant le hasard, ne songea plus à parier. En 1762, la première compagnie d'assurances sur la vie, établie *sur des bases rationnelles, apparut en Angleterre ; elle choisit un nom significatif qui fut comme la* condamnation des spéculations antérieures : elle s'appela l'Equitable » (1). La statistique, base de l'utilisation des probabilités, se perfectionna de jour en jour, au fur et à mesure que les savants eurent à leur disposition des moyens d'investigation plus puissants,

(1) Ferdinand Gros. — L'assurance, son sens historique et social, Edition du B. O. E. 1920, page 30.

et l'assurance cessa d'être une opération de jeu pour prendre un caractère scientifique. L'élan décisif était donné.

Etablie désormais sur des bases solides, l'assurance, scientifiquement organisée, ne va pas tarder, aux mains de puissantes Sociétés, à étendre considérablement son domaine. Devenue une technique autonome, observe M. Gros, elle subit les lois ordinaires de la division du travail : l'assurance contre l'incendie s'en détache comme une branche spéciale, l'assurance sur la vie et l'assurance maritime se dissocient.

En France, cette remarquable évolution se trouva un peu retardée par la longue période de troubles extérieurs et intérieurs qui suivit la Révolution de 1789. Mais dès la Restauration, l'assurance entre dans sa nouvelle voie et prend un développement jusqu'alors inconnu. De grandes Compagnies sont créées qui garantissent des risques divers : transports, vie, incendie. Or, à cette époque, la législation française des assurances était réduite. Seules les assurances maritimes faisaient au Livre II, titre X, du Code de Commerce, l'objet d'une série de dispositions assez complètes. Pour les autres risques, il n'existait pas de textes spéciaux et les Sociétés d'assurance étaient assimilées aux autres Sociétés. Ce régime était bien insuffisant et la nécessité d'une règlementation plus complète, adaptée aux caractères nouveaux de l'assurance, ne tarda pas à se faire sentir avec une force nouvelle.

Mais si l'intervention de l'Etat en cette matière se justifie aisément au point de vue rationnel, il est beaucoup moins facile d'en déterminer les modalités. Aussi l'adaptation de la législation à la forme et à la portée nouvelle de l'assurance ne s'accomplit-elle qu'après une très longue élaboration et par évolutions successives.

Le régime actuel de l'assurance en France est celui de la liberté, mais de la liberté tempérée par l'exercice d'un contrôle d'Etat sur les opérations des Sociétés exploitantes. De nombreuses dispositions législatives organisent ce contrôle. Le but de notre étude sera justement de mettre en relief les lignes essentielles de cette législation. Nous retracerons les diverses phases de son évolution depuis les premières années du XIXe siècle jusqu'à nos jours, et, en suivant l'ordre chronologique des textes, nous montrerons au contact de quelles nécessités le législateur a été appelé à modifier son œuvre et à la perfectionner. Dans notre deuxième partie, nous examinerons les principales critiques qui ont été élevées contre ce régime de liberté contrôlée qui est le nôtre et nous procèderons à l'examen critique de la notion de monopole qu'on a parfois voulu lui opposer.

PREMIÈRE PARTIE

CHAPITRE I. — L'ASSURANCE JUSQU'EN 1867

Les premières compagnies d'assurance apparurent en France dans les dernières années du XVIIIe siècle. La première compagnie d'assurance sur la vie, la " Compagnie royale d'assurance ", fut autorisée par arrêt du Conseil du 3 Novembre 1787. Un arrêt du Conseil de 1788 autorisa deux compagnies contre l'incendie, mais elles furent toutes emportées dans la tourmente révolutionnaire ; d'ailleurs le décret du 24 Août 1793 supprima « toutes les associations connues sous le nom de Caisses d'escompte, de compagnies d'assurance sur la vie, et généralement toutes celles dont le fonds capital reposait sur des actions au porteur, ou sur des effets négociables, ou sur des inscriptions sur un livre ».

La Restauration vit naître les premières compagnies d'assurance destinées à durer. La Compagnie d'assurance contre les transports maritimes date de 1818 ; des branches incendie et vie de cette même compagnie sont autorisées par ordonnances royales des 14 Février et 29 Décembre 1819. Le Phénix est autorisé par ordonnance du 1er Septembre 1819 ; la Compagnie royale (aujourd'hui la "Nationale") par ordonnance du 11 Février 1820. L'élan était donné et dans les années qui suivirent les compagnies d'assurances se multiplièrent.

La Législation sur les assurances était à cette époque assez réduite. En dehors des lois fiscales qui furent de tout temps assez nombreuses, il existait, au début du XIXe siècle, peu de textes relatifs aux sociétés d'assurance et aux règles de leur exploitation.

Les dispositions les plus nombreuses se rapportaient à l'assurance maritime. Cette branche d'assurance était en effet pratiquée déjà depuis plusieurs siècles, alors que les assurances terrestres n'avaient joué jusqu'alors qu'un rôle relativement effacé. (1)

Le Livre II, Titre X, du Code de Commerce déterminait la forme et l'objet du contrat d'assurance maritime et précisait les obligations respectives de l'assureur et de l'assuré. Ces dispositions sont encore en vigueur aujourd'hui, légèrement modifiées et complétées par diverses lois ultérieures.

En dehors du Code de Commerce, nous trouvons une autre disposition importante relative aux assurances dans le Code Civil qui (art. 1964) range les contrats d'assurance parmi les contrats aléatoires.

Mais si l'on veut savoir quelle était, à cette époque, la situation des sociétés d'assurance vis à vis de l'administration, connaître les conditions qui présidaient à leur naissance, il faut en revenir au Code de Commerce,

(1) L'Assurance sur la vie était même formellement condamnée dans les travaux préparatoires de nos Codes.

et aux textes applicables aux sociétés en général. Il n'existait pas de dispositions législatives spéciales aux sociétés d'assurance qui étaient simplement soumises aux prescriptions édictées à l'égard des formes de sociétés qu'elles avaient adoptées comme cadre juridique de leur organisation (la plupart d'entre elles étaient constituées en sociétés par actions).

Or le Code de Commerce avait adopté deux régimes tout différents pour les deux sortes de sociétés par actions : la société anonyme, et la société en commandite par actions.

L'origine de la société en commandite est très ancienne. Elle se trouve, dit M. Lyon-Caen, dans les usages maritimes du moyen âge. « Le contrat de commande (commanda, accomanda, commandita) était très pratiqué, surtout dans la Méditerranée ; une personne confiait un capital en argent ou en marchandise à un capitaine ou à un marchand qui se chargeait de le vendre ou de le faire fructifier dans les pays où il se rendait ; elle stipulait une part dans les bénéfices des opérations et ne risquait que le capital fourni par elle (1) ». Le Code de Commerce laissa libre la constitution et le fonctionnement de ces sociétés. Elles pouvaient être créées sans autorisation préalable. Les seules dispositions restrictives relatives à ces sociétés étaient celles contenues dans les articles 27 et 28 qui défendaient au commanditaire de faire des actes de gestion même en vertu d'une procuration du gérant de la société.

(1) Lyon-Caen. Traité de Droit Commercial p. 137

Les Sociétés anonymes étaient plus étroitement réglementées.

L'art. 37 du Code de Commerce les soumettait au système de l'autorisation préalable : « La société anonyme ne peut exister qu'avec l'autorisation du Roi et avec son approbation pour l'acte qui la constitue ; cette approbation doit être donnée dans la forme présente pour les règlements d'administration publique ». Pour se constituer, les sociétés anonymes devaient prescrite leurs statuts à l'examen du Conseil d'Etat, avant d'obtenir le décret d'autorisation ; elles étaient tenues en outre de produire copie semestrielle de leur état de situation au Préfet du département de la Seine, au Greffe du Tribunal de Commerce et à la Chambre de Commerce de Paris, le tout sous peine de révocation de l'autorisation au cas de non-exécution des statuts dûment approuvés.

L'article 37 ne pouvait s'appliquer strictement, et d'après ses termes même, qu'aux sociétés d'assurances constituées en sociétés anonymes.

On fut amené à se demander si l'article 37 ne devait pas être appliqué aux tontines, groupements interdits en 1773, reconstitués ensuite, et dont la faveur devait, à certain moment, être un danger véritable pour l'assurance sur la vie. Le Conseil d'Etat fut, en 1808, consulté sur ce point. « La négative fut décidée, sur un rapport très substantiel de M. de Hauterive, par le motif qu'elles ne présentaient pas les caractères des sociétés anonymes. Un acte législattf était donc nécessaire pour les soumettre au régime de l'article 37. A cet effet, le Conseil d'Etat émit, à la date du 25 mars 1809, un avis approuvé par décret impérial le 1er Avril suivant, qui décide qu'aucune association de la nature des tontines ne peut être établie sans une autorisation spéciale donnée dans la forme des règlements d'administration publique.. ». (1)

Le préambule de l'avis du Conseil d'État faisait ressortir les raisons qui justifient cette réforme : « Une association de la nature des tontines sort évidemment de la classe commune des transactions entre citoyens, soit que l'on considère la foule des personnes de tout état, de tout sexe, de tout âge qui y prennent ou qui peuvent y prendre des intérêts ; soit que l'on considère le mode dont ces associations se forment, mode qui ne suppose entre les parties intéressées ni ces rapprochements, ni ces discussions, si nécessaires pour caractériser un consentement donné avec connaissance ; soit que l'on considère la nature de ces établissements qui ne permet aux associés aucun moyen efficace et réel de surveillance ; soit enfin la durée toujours inconnue et qui peut se prolonger pendant un siècle ». (2)

Un décret du 18 Novembre 1810 ordonna, que la situation des sociétés tontinières existantes serait immédiatement vérifiée par le Ministre de l'Intérieur à qui étaient attribués de larges pouvoirs pour l'organisation et le contrôle de l'administration de ces organismes. Toutes les ordonnances qui, par la suite, autorisèrent de nouvelles tontines, réservaient à l'administration le droit de surveiller leur gestion suivant des formes qu'elle

---

(1) Chaufton op. cit. tome 1, page 685

(2) Cité par Vavasseur : Traité des Sociétés civiles et Commerciales, Tome 2. p. 325

fixerait elle-même. Ces formes ne furent déterminées que beaucoup plus tard par l'ordonnance royale du 12 Juin 1842.

L'article 1• de cette ordonnance établissait que la surveillance prescrite sur les opérations des sociétés et agences tontinières serait exercée sous l'autorité du Ministre de l'Agriculture et du Commerce par une commission spéciale composée de cinq membres, y compris le Président.

Cette surveillance était assez lourde comme on peut en juger par l'art. 4 de l'ordonnance qui en détermine l'étendue : « Les membres de la commission dans chaque établissement prendront communication des livres, registres et documents propres à éclairer leur surveillance. Ils constateront, au moins une fois par semaine, la situation des sociétés, ouvertes ou fermées, le nombre des admissions, le montant des mises versées, leur emploi en rentes sur l'Etat et généralement l'accomplissement des formalités prescrites par les statuts de chaque agence pour la constitution, l'administration et la liquidation des sociétés, et pour la distribution soit des arrérages, soit des capitaux. Ils prendront connaissance des conditions spéciales de chaque société, et s'assureront de l'exactitude et de l'application des tarifs servant de base à la perception soit des annuités, soit des frais de gestion. Ils veilleront particulièrement à l'exécution des conditions relatives au versement ou au retrait du cautionnement des directeurs ».

Une différence énorme de traitement était donc établie par cette ordonnance entre les tontines et les compagnies d'assurances, différence qui se justifie aisément par ce fait que la tontine n'est en somme qu'une forme inférieure de l'assurance. La tontine est en effet, en résumé, une association dans laquelle les membres versent annuellement des cotisations fixes dont le produit au bout d'un nombre d'années déterminé, augmenté des intérêts et de la part des morts, est partagé entre les survivants.

Cette forme rudimentaire d'assurance n'était pas sans présenter certains dangers, ainsi que le faisait ressortir le préambule de l'avis du Conseil d'Etat du 25 Mars 1809, et il importait de la réglementer plus étroitement.

En dehors des tontines, la majeure partie des sociétés d'assurance était à cette époque constituée sous la forme anonyme, et soumise, quelle que fut la nature du risque garanti, au régime de l'ancien article 37. En pratique, il existait entre les sociétés de grandes différences de traitement, selon leur objet. A l'égard des sociétés d'assurance sur la vie humaine, l'Etat se bornait à exiger la production d'états semestriels, et, au cas de violation des statuts approuvés, se réservait le droit de révocation du décret d'autorisation, mais nous verrons que ces mesures n'avaient qu'une efficacité restreinte.

Par contre d'autres sociétés anonymes, et notamment les sociétés d'assurance contre l'incendie, étaient astreintes non seulement à la production d'états mensuels (et non plus semestriels), mais encore à la surveillance de délégués du Ministre des finances ; on attachait même parfois à la surveillance de leurs opérations un com missaire du gouvernement dont elles devaient au surplus supporter les frais de rétribution.

Ce régime, qui constitue à peu près un ensemble de dispositions inverses de celles aujourd'hui en vigueur, pouvait être considéré comme peu adapté aux exigences des diverses situations, étant donné que les sociétés d'assurance sur la vie demandent, pour des raisons que nous aurons l'occasion de faire ressortir au cours de cette étude, une surveillance et un contrôle particulièrement attentifs.

C'était donc le système de l'autorisation préalable qui était en vigueur pour les sociétés anonymes d'assurance au début du XIXe siècle, système auquel on peut reprocher d'être, selon les circonstances, trop strict ou trop large, parce que sans souplesse et peu propre à s'adapter aux caractères particuliers de chaque branche d'assurance.

Cette législation incomplète dût bientôt être réformée sous la pression de plus en plus urgente des circonstances.

CHAPITRE II

La Loi du 24 Juillet 1867 et le Décret du 22 Janvier 1868

La réforme du régime légal des assurances ne devait pas s'accomplir d'un seul coup. Nous avons vu que le système de l'autorisation préalable établi par l'article 37 du Code de Commerce était à la fois, selon les circonstances, trop strict ou trop large et qu'il ne tenait pas compte des différences de caractère existant entre les diverses branches d'assurances. Alors que les Sociétés d'assurance sur la vie, une fois l'autorisation gouvernementale obtenue, jouissaient en pratique d'une très grande liberté, les autres branches étaient soumises à une surveillance parfois très lourde qui les paralysait. Il y avait là évidemment une situation anormale à laquelle il importait de remédier. Une première amélioration fut apportée par la loi du 24 juillet 1867, mais il fallut attendre jusqu'en 1905 l'établissement d'un contrôle efficace sur les Sociétés d'assurance vie.

La loi de 1867 répondait au surplus à d'autres nécessités. En dehors de la dangereuse anomalie que nous venons de signaler, le système de l'autorisation préalable présentait de graves inconvénients. Nous ne nierons pas les avantages qu'il pouvait offrir. Il est certain qu'il a servi à écarter de l'assurance de malhonnêtes spéculateurs, et de fait, l'histoire de l'assurance sur la vie (branche pour laquelle ce système resta en vigueur jusqu'en 1905) est en France, singulièrement plus calme que dans certains pays où la liberté régna à peu près sans contrôle. L'exemple de l'Angleterre est typique à cet égard. On connait la grande période de crises, dites crises des Compagnies de dupes, qui s'ouvrit dans ce pays vers le milieu du XIXe siècle. Chaufton nous donne là-dessus de significatives précisions : « Sur 519 Compagnies enregistrées provisoirement et sur 258 Compagnies définitivement enregistrées de 1844 à 1868, il en restait en 1866, 44 seulement. Les autres avaient été mises en faillite ou amalgamées ». (1) L'équilibre ne revint qu'avec la loi protectrice du 9 août 1870.

Mais s'il a engendré de regrettables abus, quel magnifique essor ce régime de liberté n'a-t-il pas donné à l'assurance chez nos voisins d'outre-Manche. En France l'assurance ne progressa que bien plus lentement et il est permit d'attribuer, en grande partie, ce retard aux entraves apportées par le régime de l'autorisation préalable. Ceci ne fut d'ailleurs pas particulier aux assurances : les Sociétés par actions, en général, ne prirent chez nous leur élan définitif que lorsque la loi de 1867 les eut débarrassé de l'intrusion gouvernementale qui les paralysait jusqu'alors.

Ce système de l'autorisation préalable présentait d'au-

Chaufton. — Op. cit. p. 365. Tome 1

tres inconvénients dont le plus grave était de prêter à l'arbitraire et à l'injustice. L'administration n'intervenait que par décisions particulières et elle pouvait accorder aux uns ce qu'elle refusait à d'autres : « L'exemple le plus saillant que nous puissions citer en ce sens, dit Chaufton, est celui de cette compagnie autorisée à distribuer ses excédents annuels aux assurés par voie de tirage au sort, c'est-à-dire à annexer une loterie à ses opérations d'assurance, alors que cette autorisation est refusée à d'autres. L'Etat a créé ainsi, au bénéfice d'une compagnie, un privilège exorbitant dans un pays où la loterie est interdite par la loi » (1).

La loi de 1867, complétée par le décret du 22 janvier 1868, pour les Sociétés d'assurances autres que celles sur la vie, substitua au système de l'autorisation préalable de l'article 37, le système de la liberté surveillée, plus souple et plus efficace, et qui, sans entraver de vaines formalités la constitution et le développement des Sociétés, les soumettait néanmoins à un certain nombre de règles restrictives.

La loi du 24 juillet 1867 marquait sur la législation antérieure un immense progrès.

Le Titre premier réglementait les Sociétés en commandite par actions. Ces sociétés avaient joui jusqu'alors d'un régime très libéral qui n'avait pas tardé à donner lieu à des abus, notamment après la Révolution de 1830, et au début du IIe Empire. Une loi était déjà intervenue le 17 juillet 1856. La loi de 1867 la compléta et imposa aux Sociétés en commandite par actions de nombreuses

(1) Chaufton. — Op. cit. Tome I, p. 773.

règles restrictives. Nous ne les énumèrerons pas, car peu de Sociétés d'assurances étaient constituées sous cette forme, et le décret du 22 janvier 1868 portant règlement d'administration publique pour la constitution des Sociétés d'assurance, ne traite que des Sociétés anonymes et des Mutuelles.

Le Titre II, consacré aux Sociétés anonymes, est plus intéressant au point de vue qui nous occupe. L'article 21 décidait : « A l'avenir, les Sociétés anonymes pourront se former sans l'autorisation du Gouvernement. Elles pourront, quel que soit le nombre des associés, être formées par un acte sous seing privé fait en double original. Elles seront soumises aux dispositions des articles 29, 30, 32, 33, 34 et 36 du Code de Commerce et aux dispositions contenues dans le présent titre. » Le législateur donnait donc la liberté de constitution aux Sociétés anonymes, mais pour pallier ce qu'une liberté trop absolue aurait eu de dangereux, il les soumettait à certaines prescriptions. Il eut, au surplus, la sagesse de comprendre que les Sociétés d'assurances qui, plus que toutes autres, font appel au crédit, présentaient des caractères trop particuliers pour être complètement assimilées aux autres Sociétés anonymes, et que, s'il était bon de ne pas entraver leur développement par de vaines formalités, il importait néanmoins de les soumettre à un contrôle effectif. Aussi, l'article 66 du Titre V précisait-il en ces termes l'application des dispositions de la nouvelle loi aux Sociétés d'assurance : « Les associations de la nature des tontines et les Sociétés d'assurance sur la vie, mutuelles ou à primes, restent soumises à l'autorisation et à la surveillance du gouvernement. Les autres

Sociétés d'assurance pourront se former sans autorisation. Un règlement d'administration publique déterminera les conditions sous lesquelles elles pourront être constituées. » En vertu de cet article, les Sociétés d'assurance n'étaient désormais plus confondues avec les autres sociétés anonymes; et un régime spécial leur était réservé. D'autre part, et c'était là une disposition remarquable, une distinction essentielle était faite par la loi nouvelle parmi les sociétés d'assurance elles-mêmes. Les tontines et les sociétés d'assurance sur la vie restaient soumises au régime de l'article 37 du Code de Commerce. Pour les autres catégories d'assurance, le système de la liberté surveillée était substitué à celui de l'autorisation préalable. Désormais, les Sociétés d'assurance, autres que celles sur la vie humaine, pouvaient se former librement, pourvu que dans leurs opérations elles se conforment à certaines règles que devait déterminer un règlement d'administration publique.

La loi de 1867 avait donc un double mérite. D'une part elle favorisait le développement de ce puissant instrument de production qu'est la Société anonyme, en la débarrassant d'une tutelle gouvernementale trop étroite. D'autre part, elle jetait les premières bases d'une législation nouvelle des assurances : le règlement d'administration publique qu'elle prévoyait fut promulgué l'année suivante : ce fut le décret du 22 janvier 1868 qui resta jusqu'à ces derniers temps la charte commune des Sociétés d'assurance autres que celles sur la vie humaine.

Le décret de 1868 marque un effort important en vue de la réglementation de l'assurance. Il est divisé en deux titres. Le Titre I traite des « Sociétés anonymes d'assurance à primes ». Le Titre II est consacré exclusivement aux « Sociétés d'assurances mutuelles ». A cette époque en effet, en même temps que l'assurance sortait de la période de tâtonnements et de difficultés, la forme mutuelle commençait à se développer. D'après M. Thomereau (1), il existait en 1864, 45 sociétés mutuelles d'assurance contre l'incendie qui assuraient un capital de 16 milliards environ. Or, aucune législation fixe ne leur était applicable (2). Le décret de 1868 vint combler cette lacune.

En ce qui concerne les Compagnies anonymes d'assurance, le nouveau décret précisait dans son article I qu'elles étaient soumises aux dispositions des lois relatives à cette forme de société, c'est-à-dire, d'abord, aux articles 29, 30, 32, 33, 34 et 36 du Code de Commerce et aussi aux titres II et IV de la loi du 24 juillet 1867. Il serait trop long de reproduire et de commenter tous ces textes. Nous nous contenterons d'exposer brièvement les lignes essentielles de la loi de 1867 et nous verrons que si le législateur a jugé utile de supprimer le régime de l'autorisation préalable, il a cependant sagement subordonné la constitution des Sociétés à la réalisation de certaines garanties.

D'après l'article 1 du Titre I concernant les Sociétés en commandite, mais applicable aux Sociétés anony-

(1) Voir « Moniteur des Assurances », 1874, p. 322.

(2) Un décret du Conseil d'Etat du 15 octobre 1809 avait soumis à l'autorisation gouvernementale les assurances mutuelles contre les fléaux agricoles et autres risques semblables, régime qui fut ensuite étendu à toutes les Mutuelles.

mes, une société ne peut être valablement constituée qu'après la souscription de la totalité du capital social et le versement par chaque actionnaire du quart au moins du montant des actions par lui souscrites.

On aperçoit facilement le but et la portée de cette mesure destinée à écarter les entreprises peu sérieuses et les spéculateurs sans scrupule. Pour assurer l'accomplissement effectif de ces formalités, les fondateurs sont tenus d'en déclarer l'accomplissement dans un acte notarié, et leur déclaration est soumise avec les pièces à l'appui à la première assemblée générale qui en vérifie la sincérité.

Les administrateurs de la Société et les commissaires sont nommés par l'assemblée générale. En garantie de bonne gestion, la loi exige que les administrateurs soient suffisamment intéressés à la bonne marche de la société : l'article 26 édicte qu'ils doivent être propriétaires d'un certain nombre d'actions déterminé par les statuts, et ces actions sont affectées en totalité à la garantie de tous les actes de la gestion, même de ceux qui seraient exclusivement personnels à l'un des administrateurs. De plus, un contrôle est prévu au sein même de la Société. Les commissaires, d'après l'article 32, doivent faire un rapport annuel sur la situation de la société, le bilan et sur les comptes présentés par les administrateurs. Pour faciliter cette vérification, les commissaires ont, trois mois avant d'y procéder, le droit de consulter les livres et d'examiner les opérations de la Société. L'article 34 prévoit, en outre, la production semestrielle d'un état sommaire de la situation active et passive et l'établissement d'un inventaire annuel contenant l'indication des valeurs mobilières et immobilières et de toutes les dettes actives et passives de la Société.

Des obligations strictes sont imposées aux administrateurs pour prévenir tout abus de pouvoir ; d'autre part l'article 44 définit ainsi leur responsabilité : « Les administrateurs sont responsables, conformément aux règles du droit commun, individuellement et solidairement suivant les cas, envers la Société ou envers les tiers, soit des infractions aux dispositions de la présente loi, soit des fautes qu'ils auraient commises dans leur gestion, notamment en distribuant ou en laissant distribuer des dividendes fictifs. »

Les articles 27, 28, 29, 30 et 31 établissent les règles de convocation et de tenue des assemblées et en déterminent les attributions importantes de contrôle. Pour éviter, dans la mesure du possible, la mainmise d'un nombre réduit de gros actionnaires sur la direction de la Société, l'article 27 prévoit que tout actionnaire a le droit de prendre part aux délibérations dans les assemblées générales appelées à vérifier les apports, à nommer les administrateurs et à vérifier la sincérité de la déclaration des fondateurs de la société prescrite par l'article premier de la loi.

Par ces prescriptions, la loi de 1867 assurait une certaine sécurité aux Sociétés anonymes, et par voie de conséquence aux Sociétés d'assurances constituées sous cette forme. Mais le caractère particulier des opérations d'assurance exigeait d'autres garanties et c'est à cette nécessité que répondit le décret de 1868.

La Société anonyme d'assurance à prime, d'après l'article 2 de ce décret, ne peut être valablement constituée qu'après le versement d'un capital de garantie qui ne doit dans aucun cas, et alors même que le capital social serait inférieur à 200.000 francs, être moindre de 50.000 francs. C'est là, pour l'assuré, une première garantie, mais qui pourrait devenir insuffisante. La statistique n'est pas une science exacte, et certaines années particulièrement calamiteuses peuvent déjouer les prévisions les mieux établies. Il y avait là un danger qu'il importait d'éviter ; dans ce but, le législateur a imposé la constitution d'un fonds de réserve, formé par un prélèvement d'au moins 20 o/o sur les bénéfices nets réalisés. Cependant, ce prélèvement devient facultatif lorsque le fonds de réserve est égal au cinquième du capital.

Une opération très importante en assurance est le placement des fonds. Les Compagnies détiennent des sommes élevées dont les revenus constituent une ressource financière appréciable. C'est ainsi que pour les 18 principales Compagnies françaises contre l'incendie, les intérêts des placements ont atteint, en 1921, le total de 22.486.792 francs (1). Les Compagnies sont naturellement portées à rechercher les placements rémunérateurs, et on pouvait craindre qu'elles ne le fassent au détriment de la sécurité. Aussi le décret de 1868 prescrivait-il qu'à l'exception des sommes nécessaires au service, les fonds devaient être employés à des acquisitions déterminées : immeubles, rente sur l'Etat, Bons du Trésor, etc...., offrant de solides garanties (Article 5) (2).

(1) Argus du 2 juillet 1922.

(2) Ces dispositions devaient être, par la suite, modifiées à diverses reprises, en 1901, 1917 et tout récemment par le décret de 1922 que

La police d'assurance elle même faisait l'objet de dispositions spéciales dans le décret de 1868. Elle devait obligatoirement porter certaines mentions : le montant du capital — la portion de ce capital déjà versée ou appelée, — l indication du maximum que la Compagnie peut, aux termes de ses statuts, assurer sur un seul risque, sans réassurance et dans le cas où un même capital couvrirait, aux termes des statuts, des risques de nature différente, le montant de ce capital et l'énumération de ces risques. Cet ensemble de mesures permettait à l'assuré de souscrire la police en connaissance de cause et d'éviter certaines clauses abusives. Au surplus, l'assuré avait toujours la possibilité de se tenir au courant de la situation de sa Compagnie puisque l'article 7 lui réservait le droit de prendre, à toute époque, lui-même ou par un fondé de pouvoirs, connaissance du dernier inventaire prévu à l'article 34 de la loi du 24 juillet 1867.

Le Titre II du décret de 1868 est entièrement consacré aux Sociétés d'assurances mutuelles. Nous avons dit plus haut que cette forme d'exploitation avait atteint, vers le milieu du XIXe siècle, un certain développement. Par des expériences souvent onéreuses, la Société par actions avait ouvert la voie à l'assurance. Son capital versé lui permettait de subir les dangereuses oscillations

---

nous étudierons. A chaque fois, une latitude plus grande a été donnée aux Compagnies dans le placement de leurs capitaux, car le décret de 1868 était très limitatif. Il est à noter, à ce sujet, que pendant la guerre les grandes Compagnies d'assurance ont été parmi les plus importants souscripteurs des emprunts d'Etat. Elles furent pour le gouvernement un débouché précieux. On voit l'obstacle pratique qui serait opposé de ce fait à la réalisation d'un monopole d'Etat des Assurances.

du risque et d'arriver ainsi, par tâtonnements coûteux, à en déterminer la loi. Cette expérience, la Société Mutuelle avec les seuls versements de ses membres n'aurait pu arriver à la réaliser. Aussi ne put-elle se développer avant que les Sociétés anonymes aient pris elles mêmes une certaine importance ; le législateur s'occupa, dès lors de la réglementer.

La situation juridique faite par le décret de 1868 aux Sociétés mutuelles avait beaucoup de points communs avec celle des Sociétés anonymes. Cependant il existait des différences profondes entre leurs régimes respectifs. Alors qu'à l'égard des Sociétés anonymes le législateur s'était borné à poser quelques principes généraux, les Mutuelles faisaient l'objet d'une réglementation plus complète. Nous mentionnerons seulement les dispositions les plus caractéristiques.

L'article 8 édicte que les Sociétés Mutuelles d'assurance peuvent se former soit par un acte authentique, soit par un acte sous seing privé fait en double original, quel que soit le nombre des signataires de l'acte.

Les projets de statuts doivent contenir certaines mentions obligatoires : l'objet, la durée, le siège, la dénomination de la Société et la circonscription territoriale de ses opérations. Ils doivent comprendre également le tableau de classification des risques et les tarifs applicables à chacun d'eux (1), fixer le nombre d'adhérents et

(1) Les statuts devaient aussi déterminer les formes suivant lesquelles ce tableau et ces tarifs peuvent être modifiés. On sait, en effet, que la classification des risques est un principe fondamental de l'assurance et que de son application plus ou moins stricte dépend en grande partie la situation financière d'une Société. Il importait donc que le législateur donnât, à ce sujet, certaines garanties aux Sociétaires.

le minimum de valeurs assurées au dessous duquel la société ne peut être valablement constituée. En outre, le texte entier des projets des statuts doit être inscrit sur toute liste destinée à recevoir des souscriptions d'adhérents. Le futur sociétaire est ainsi à même de connaître la constitution exacte de la Société dans laquelle il veut entrer et d'apprécier toute la portée de son engagement. En analogie avec la déclaration imposée aux fondateurs des Sociétés anonymes, lorsque les conditions ci-dessus ont été remplies les signataires de l'acte primitif ou leurs fondés de pouvoir sont tenus de le constater devant notaire ; et à leur déclaration doivent être joints : la liste des adhérents, une copie ou une expédition de l'acte de société et l'état des versements effectués.

Les dispositions de la section II, relatives à l'administration des sociétés, se rapprochent sensiblement des dispositions de la loi de 1867, notamment en ce qui concerne la tenue et les attributions des assemblées, la nomination des commissaires et leurs attributions. Cependant, alors que les sociétés par actions sont administrées par un ou plusieurs mandataires, l'administration des Mutuelles est confiée à un conseil dont les statuts déterminent les pouvoirs. En outre, toute Société Mutuelle doit dresser un état semestriel de la situation active et passive, un inventaire annuel et un compte détaillé des recettes et des dépenses et du montant des sinistres. Ces documents sont présentés à l'assemblée générale. De plus, disposition remarquable, l'inventaire et le compte détaillé sont adressés aux Ministre de l'Agriculture, du Commerce et des Travaux Publics.

Les dispositions de la Section III relatives à la formation de l'engagement social sont plus caractéristiques. L'article 25, paragraphe 1, établit : « Les statuts déterminent le mode et les conditions générales suivant lesquelles sont contractés les engagements entre la société et les sociétaires. Toutefois les sociétaires auront indépendamment de toute disposition statutaire, le droit de se retirer tous les cinq ans, en prévenant la Société six mois d'avance dans la forme indiquée ci-après. Ce droit sera réciproque au profit de la Société ».

De plus, toute modification des statuts, relative à la nature des risques garantis et au périmètre de la circonscription territoriale, donne de plein droit au sociétaire, le droit de résilier son engagement. Le législateur s'efforçait par là d'assurer l'indépendance de l'adhérent en lui permettant de se retirer de la mutuelle dès qu'il en jugerait la stabilité compromise. On sait, en effet, combien notamment la nature des risques et l'étendue territoriale des opérations peuvent influer sur la prospérité d'une Société d'assurance. En réalité, cette disposition était trop stricte parce qu'elle empêchait les Mutuelles de se développer normalement et de s'adapter aux nécessités nouvelles, retenues qu'elles étaient par la crainte que des Sociétés concurrentes n'en profitent pour essayer de provoquer de nombreuses résiliations.

En outre, pour accroître l'indépendance du sociétaire vis-à-vis de sa Mutuelle, l'article 27 porte interdiction aux statuts de défendre au sociétaire de se faire réassurer ou assurer à une autre compagnie. Ils peuvent seulement stipuler que la Société sera immédiatement informée et aura le droit de notifier la résiliation du contrat.

Dans une Société mutuelle, en raison même du caractère de mutualité, le versement de chaque adhérent dépend naturellement d'abord du montant des frais de gestion, ensuite du nombre et de l'importance des sinistres supportés. On comprend dès lors que la contribution individuelle puisse être soumise à des écarts anormaux dûs à des sinistres trop fréquents ou trop onéreux, à une administration malhabile ou négligente, et qu'en outre la détermination des frais de gestion puisse donner lieu à des abus de la part de directeurs peu scrupuleux. Aussi les articles 29, 30 et 31 du décret de 1868 établissent-ils que les statuts doivent fixer, par degré de risques, le maximum de la contribution annuelle, dont chaque sociétaire est passible pour le paiement des sinistres (1), ainsi que le maximum qui peut être exigé de chacun pour frais de gestion de la société.

Pour suppléer à l'insuffisance éventuelle de la cotisation annuelle pour le paiement des sinistres, l'article 32 prévoit facultativement la constitution d'un fonds de réserve (2). Au cas de dissolution de la Société, l'emploi du reliquat de ce fonds ne peut être réglé qu'après approbation du Ministre compétent.

La section V détermine les règles relatives à la déclaration, à l'estimation et au paiement des sinistres.

L'estimation est faite par un agent de la Société ou tout autre expert désigné par elle, contradictoirement avec le sociétaire ou avec un expert choisi par lui. Au

(1) Ce maximum constitue le fonds de garantie.

(2) Ce fonds de réserve joue un rôle identique à celui du capital action des compagnies anonymes à primes fixes, et les Mutuelles peuvent ainsi arriver à donner plus de fixité à leurs tarifs.

cas de contestation, certaines garanties d'équité sont données au sociétaire : il en est référé à un tiers expert désigné par les parties ; à défaut d'accord entre les parties, cet expert est choisi par le Tribunal de première instance de l'arrondissement ou, si les statuts l'ont ainsi décidé, par le juge de paix du canton où le sinistre a eu lieu. Il est à signaler que l'article 36 prévoit un règlement général des sinistres à la charge de l'assuré, dans les trois mois qui suivent l'expiration de chaque année. Chaque ayant droit reçoit alors, s'il y a lieu, le solde de l'indemnité réglée à son profit.

La section VI est consacrée aux dispositions relatives à la publication des actes de société et notamment aux actes et délibérations ayant pour objet la modification des statuts, la continuation de la société au-delà du terme fixé par les statuts, la dissolution avant ce terme et tout changement à la dénomination. Ces règles sont d'ailleurs analogues à celles prescrites pour les Sociétés par actions : un double ou une expédition de l'acte doit être déposé au greffe de la justice de paix et du tribunal civil (et non plus du tribunal de commerce comme dans la loi de 1867). Toute personne, en outre, a le droit de prendre communication de ces pièces et de s'en faire délivrer, à ses frais, expédition ou extrait.

Nous mentionnerons seulement, en terminant cette étude rapide du décret de 1868, que certains placements limitativement déterminés étaient imposés aux fonds des Sociétés Mutuelles (art. 33). La loi était même plus restrictive qu'à l'égard des Sociétés anonymes. Mais le décret du 23 novembre 1916 est venu soumettre les

Mutuelles, pour le placement de leurs fonds, aux dispositions de l'article 5 du décret de 1868.

Telle était, dans ses grandes lignes et dans ses dispositions essentielles, la situation faite aux Sociétés d'assurance par la loi du 24 juillet 1867, complétée par le décret du 22 janvier 1868.

En résumé, les sociétés d'assurance étaient toutes soumises au contrôle plus ou moins actif de l'Etat ; la forme seule de ce contrôle différait. Les unes — tontines et sociétés d'assurance sur la vie — conservaient le régime de l'autorisation préalable de l'article 37 du Code de Commerce ; pour les autres, le législateur inaugurait le système de la liberté surveillée.

Cette législation était loin d'être parfaite et elle présentait bien des lacunes. Cependant elle constituait un progrès très appréciable et ouvrait la voie à de nouvelles réformes.

CHAPITRE III

LES ASSURANCES CONTRE LES ACCIDENTS DU TRAVAIL

La loi du 9 Avril 1898 sur les accidents de travail fait reposer la responsabilité patronale au cas d'accident sur la notion de garantie du risque professionnel. Jusqu'alors, en vertu des articles 1382 et suivants du Code Civil, le patron n'était responsable de l'accident survenu à son ouvrier au cours de son travail qu'au cas de faute de sa part. L'ouvrier devait établir devant le Tribunal la faute de son employeur et une relation de cause à effet entre cette faute et le préjudice subi par lui. Cette double preuve était très difficile à faire; d'ailleurs un assez grand nombre d'accidents ont lieu sans qu'aucune faute proprement dite puisse être constatée à leur origine. En fait un quart seulement des accidents du travail était, d'après les statistiques, mis par les Tribunaux à la charge des chefs d'entreprise. La loi de 1898 vint décider que les accidents de travail constituaient un risque inhérent à la profession, et que le patron devait en être responsable comme de tous les autres risques de l'entreprise. Avec ce principe nouveau la situation de l'ouvrier se trouvait considérablement améliorée. Mais cette loi, qui mettait à la charge des chefs d'industrie ou de commerce la réparation des accidents dont leurs ouvriers pouvaient être victimes au cours de leur travail, aurait été incomplète si elle n'avait pas prévu le moyen de garantir à la victime le paiement des indemnités et des rentes allouées. Aussi le législateur se préoccupa-t-il d'établir au profit de l'ouvrier accidenté un certain nombre de garanties destinées à parer à l'insolvabilité possible du débiteur, et d'exercer sur les sociétés d'assurance pratiquant le nouveau risque un contrôle et une surveillance particulièrement actifs.

Sur le premier point, le législateur hésita entre deux systèmes opposés : l'assurance obligatoire et l'assurance facultative.

En matière d'accidents de travail, l'obligation n'est n'est point théoriquement inconcevable, car le risque est ici aisément contrôlable et saisissable.

Les intérêts d'une classe particulièrement digne de sollicitude, sont en jeu et on comprend que l'intervention de l'Etat puisse se faire sentir ici plus fortement que dans les autres branches d'assurance. Cependant le principe de l'obligation qui avait été adopté par la Chambre, fut rejeté par le Sénat.

On répugnait en effet à enlever aux patrons la faculté de rester leurs propres assureurs. M. Poirrier dans son rapport au Sénat faisait ressortir que l'obligation aurait pour effet d'accumuler dans les Caisses de l'Etat des sommes énormes auxquelles il est préférable au point de vue économique et financier de ne pas donner une telle destination.

Car naturellement c'était l'assurance obligatoire d'Etat qui était préconisée.

« Le principal résultat du système de l'assurance obligatoire d'Etat, disait M. Poirrier, c'est de retirer de l'industrie, où elles trouvent un emploi relativement fructueux, des sommes considérables qui lui sont souvent fort nécessaires ; c'est de draîner les capitaux et de faire affluer dans les Caisses de l'Etat où se trouvent déjà enfouis les milliards des Caisses d'Epargne, des centaines de millions et bientôt de nouveaux milliards ». L'assurance obligatoire fut finalement rejetée ; d'autre part un système de garanties fut constitué en vue de prémunir l'ouvrier contre l'insolvabilité de son débiteur.

Pour les indemnités de demi-salaire l'article 23 de la loi accordait en effet à la créance de la victime de l'accident un privilège général sur tous les biens du débiteur, inscrit sous le N° 6 de l'article 2101 du Code Civil.

Pour les rentes, l'article 24 organisait un recours en garantie du créancier impayé, contre la Caisse Nationale des retraites. La dite Caisse assure le paiement des indemnités au moyen d'un fonds spécial, constitué au moyen de versements annuels imposés aux chefs d'entreprise assujettis à la loi, et est subrogée dans les droits du rentier contre le débiteur de la rente pour le remboursement de ce qu'elle a payé. Pour inciter les patrons à recourir à l'assurance, la loi décidait que, en cas d'assurance du chef d'entreprise, la Caisse jouirait pour le remboursement de ses avances du privilège de l'article 2102 du Code Civil sur l'indemnité dûe par l'assureur, mais n'aurait plus de recours contre le chef d'entreprise.

D'ailleurs en pratique la presque totalité des patrons

est actuellement assurée ; et ce mouvement ne peut que s'accentuer devant les charges toujours croissantes imposées par l'Etat aux chefs d'entreprise. (1) La solution adoptée par le législateur de 1898 est donc tout aussi efficace que l'assurance obligatoire et n'en a pas les inconvénients.

A côté de ce système de garanties, la loi établissait sur les sociétés d'assurance contre le risque professionnel un régime spécial de surveillance et de contrôle. Les intérêts des travailleurs victimes d'accidents au cours de leur travail apparaissaient en effet comme particulièrement dignes de sollicitude et de protection. En outre il est à remarquer qu'en cette matière le bénéficiaire de l'assurance n'est point l'assuré, comme dans les autres branches ; on pouvait craindre dès lors que les sociétés, qui n'avaient plus à ménager leurs clients, se montrassent plus exigeantes. Aussi un système spécial a-t-il été constitué par l'article 27 de la loi de 1898, modifié par la loi du 31 Mars 1906, et complété par un règlement d'administration publique du 28 Février 1899.

L'article 27 de la loi de 1898 pose le principe suivant : « Les compagnies d'assurance mutuelles ou à primes fixes contre les accidents, françaises ou étran-

(1) Citons entr'autres : la loi du 6 Juillet 1920 décidant que les frais d'hospitalisation mis à la charge des chefs d'industrie ne sont plus désormais limités à 5 f. 75 par jour pour Paris, et 5 f. partout ailleurs, mais déterminés par ceux de l'assistance publique majorés de 30 0/0.

— L'arrêté du 8 Juillet 1920 fixant le nouveau tarif des frais médicaux et prescrivant des prix supérieurs de 100 à 150 0/0 à ceux d'avant-guerre. La loi du 5 Août 1920 qui a majoré du jour au lendemain d'environ 50 0/0 la quotité des rentes viagères allouées aux victimes du travail,

gères, sont soumises à la surveillance et au contrôle de l'Etat et astreintes à constituer des réserves ou cautionnements dans les conditions déterminées par un règlement d'administration publique ». Le règlement d'administration publique rendu pour l'exécution de cet article fut le décret du 28 Février 1899.

Le Titre 1er de ce décret est consacré aux sociétés d'assurance mutuelles ou à primes fixes. Indépendamment des garanties spécifiées aux articles 2 et 4 du décret du 22 janvier 1868 et de la réserve mathématique, ces sociétés doivent justifier de la constitution préalable d'un cautionnement affecté par privilège au paiement des pensions et indemnités et versé à la Caisse des dépôts et consignations. Elles doivent également, dès la deuxième année d'exploitation, avoir constitué une réserve mathématique ayant pour minimum de valeur le montant des capitaux représentatifs des rentes et indemnités à servir à la suite d'accidents ayant entraîné la mort ou une incapacité permanente. Cette réserve reste aux mains de la société. Mais comme elle constitue une précieuse garantie de solvabilité, il importait d'éviter de la laisser compromettre en de hasardeux placements. Aussi l'article 8 donne-t-il la liste des seules valeurs autorisées. Ces valeurs autorisées sont aussi celles qui doivent constituer le cautionnement versé à la Caisse des dépôts et consignations.

Un système rigoureux de contrôle et de surveillance est constitué par ce même décret. Pour faciliter ce contrôle, les sociétés qui assurent à la fois le risque professionnel et d'autres catégories de risques, doivent établir pour les opérations se rattachant à la loi de

1898 une gestion et une comptabilité absolument distinctes.

Toutes les sociétés doivent communiquer au ministre compétent (1) dix exemplaires de tous les règlements, tarifs, polices, prospectus et imprimés distribués ou utilisés par elles. Les polices doivent contenir certaines mentions obligatoires et notamment spécifier qu'aucune clause de déchéance ne pourra être opposée aux ouvriers créanciers.

Les sociétés doivent fournir au Ministre aux dates fixées par lui : 1° le compte rendu détaillé annuel de leurs opérations ; 2° l'état des salaires assurés et l'état des rentes et indemnités correspondant aux risques des accidents ayant entraîné la mort ou une incapacité permanente.

Des commissaires contrôleurs sont chargés de vérifier au siège des sociétés, l'état des assurés et des salaires assurés, les écritures et pièces comptables, la caisse, le portefeuille, les calculs de réserves. Ils rendent compte au ministre qui seul prescrit les redressements nécessaires.

A l'aide des rapports de vérification des commissaires le Ministre adresse chaque année au Président de la République un rapport d'ensemble sur la situation des sociétés soumises à sa surveillance.

Un comité consultatif des assurances contre les accidents de travail est constitué. Il peut être saisi par le Ministre de toutes questions relatives à l'application de la loi.

---

(1) Alors le Ministre du Commerce. Le décret du 25 octobre 1906 a depuis créé le Ministère du Travail et fait passer à ce Ministère la direction de l'assurance et de la prévoyance sociale.

Pour que ces prescriptions ne restent pas lettre morte, des sanctions sont prévues, et, à toute époque le Ministre compétent peut mettre fin aux opérations de l'assureur qui ne remplit pas les conditions prévues par la loi, ou dont la situation financière ne donne pas des garanties suffisantes pour lui permettre de remplir ses engagements. Cet arrêté est pris après avis conforme du comité consultatif, l'assureur ayant été mis en demeure de fournir ses observations par écrit, dans un délai de quinzaine. Le comité doit émettre un avis dans la quinzaine suivante.

Enfin chaque année le Ministre arrête, après avis du comité consultatif, et publie au journal officiel avant le 1er Décembre, la liste des sociétés mutuelles et à primes fixes françaises ou étrangères qui fonctionnent dans les conditions prévues par les articles 26 et 27 de la loi de 1898 et par le décret de 1899. Naturellement le décret du 22 Janvier 1868, que nous avons déjà étudié, reste applicable à ces sociétés en toutes celles de ses dispositions qui ne sont point contraires.

Les sociétés étrangères pratiquant l'assurance contre les risques des accidents de travail ayant entraîné la mort ou une incapacité permanente doivent accréditer auprès du Ministre compétent et de la Caisse des dépôts et consignations un agent spécialement préposé à la direction de toutes leurs opérations en France. Cet agent représente seul la société auprès de l'administration et doit être domicilié en France.

Le Titre II du décret du 28 Février 1899, modifié par le décret du 27 Décembre 1906, détermine les conditions de création et de fonctionnement des syndicats de garantie.

La loi de 1898 range les syndicats de garantie au nombre des organismes sur lesquels peut se porter le choix des chefs d'entreprise désireux de s'assurer contre le risque professionnel. Ces syndicats sont constitués entre patrons ; les adhérents sont solidaires pour le paiement des rentes et indemnités attribuables à la suite d'accidents ayant entraîné la mort ou une incapacité permanente. Ils doivent comprendre un certain nombre d'adhérents : soit 10 chefs d'entreprise dont 5 au moins ont 300 ouvriers, et au total 5000 salariés — soit 300 chefs d'entreprise dont 30 au moins ont 30 ouvriers et au total 3000 salariés assurés. Le fonctionnement du syndicat est réglé par des statuts qui doivent être soumis avant toute opération à l'approbation du gouvernement.

Enfin, les syndicats sont soumis aux mêmes mesures de surveillance et de contrôle que celles instituées à l'égard des Sociétés anonymes et Mutuelles.

L'assurance contre les accidents de travail fait donc l'objet d'une réglementation particulièrement étroite et les garanties instituées par le décret général de 1868 sont singulièrement renforcées par le règlement d'administration publique de 1899. Alors que le législateur de 1868 se contentait de subordonner la formation des Sociétés d'assuranc au versement d'un capital de garantie et à la constitution d'un fonds de réserve. le décret de 1899 exige en outre la constitution d'un cautionnement et de réserves mathémathiques. Il institue au surplus un rigoureux système de contrôle et de surveillance sur les opérations des Sociétés et établit des sanctions sévères.

Cependant, malgré toutes les garanties qu'il renferme,

ce régime a paru insuffisant à certains économistes et hommes politiques qui estiment qu'en matière de risque professionnel, la nécessité de l'assurance publique se fait sentir avec plus de force encore que dans les autres catégories de risques.

Sans discuter le point de savoir si l'assurance publique est ici préférable ou non à l'assurance privée, il nous paraît de quelque intérêt d'examiner quelle est la véritable portée des griefs que l'on fait valoir à l'encontre des Sociétés qui assurent le risque professionnel sous le régime du décret de 1899.

En matière d'accident de travail, disent les étatistes, le bénéficiaire de l'assurance n'est plus l'assuré et les Compagnies profitent de cette particularité pour agir en se préoccupant peu de ménager les intérêts ouvriers. D'autant que les Sociétés privées sont guidées avant tout par le souci du bénéfice qui passe avant le souci de l'assuré ou du bénéficiaire de l'assurance. « Le patron est ménagé, dit M. Couteaux, c'est lui qui paie ; mais avec l'ouvrier il n'y a pas de ménagements à prendre. Être quitte avec lui au meilleur marché possible, c'est le seul but cherché ; peu importent les moyens... ; la ruse, la menace, la violence même, suivant l'habileté et les scrupules de l'agent, tout sera mis en œuvre » (1). Là dessus, M. Couteaux nous brosse un sombre tableau de la situation des ouvriers, livrés à l'indifférence des avocats de l'assistance judiciaire et à l'hostile partialité d'une magistrature « la plupart du temps intéressée à des entreprises industrielles et commerciales ».

(1) Couteaux. op. cit. page 111.

Nous ne pensons pas que cette diatribe où la pauvreté des arguments essaie de se dissimuler sous la violence de la forme, puisse mériter une bien longue discussion. C'est une accusation éminemment injuste que celle qui consiste à reprocher aux avocats de l'assistance judiciaire de se désintéresser de leurs procès. Nous estimons au contraire qu'ils y apportent, comme à l'ensemble des affaires qui leur sont confiées, une conscience professionnelle évidente. On peut ajouter d'ailleurs que l'on ne voit pas comment l'assurance publique pourrait améliorer, à ce point de vue notamment, la situation des ouvriers. Les litiges seraient au moins aussi nombreux que sous le régime de l'exploitation privée ; avec les compagnies les conciliations sont fréquentes ; ne peut-on craindre qu'une administration publique manque de la souplesse nécessaire pour ces conciliations, et que la majeure partie des contestations ne viennent devant les tribunaux ? Dans ce cas, l'ouvrier aura l'assistance judiciaire pour plaider contre la Caisse publique, mais les avocats demeureront les mêmes.

Il ne nous paraît pas utile de discuter davantage les appréciations émises par M. Couteaux au sujet des tribunaux ; les litiges entre compagnies et ouvriers accidentés sont, il est à peine utile de le dire, examinés et tranchés dans le plus haut esprit de justice. M. Couteaux a bien légèrement mis en cause, pour les besoins de sa thèse, notre magistrature dont l'impartialité est indiscutable aux yeux de toute personne de bonne foi.

Nous ne nous attarderons pas davantage à la réfutation d'arguments aussi peu dignes d'attention. Mais d'autres reproches, plus sérieux, sont adressés à l'exploitation privée des assurances contre les accidents de travail et au régime du décret de 1899. La protection et la sécurité des ouvriers sont insuffisamment assurées, affirme-t-on : les compagnies envisagent avant tout le bénéfice à réaliser et, dirigées uniquement vers ce but de lucre, elles en arrivent au mépris le plus complet des intérêts et des droits de travailleurs.

Il y a dans ces critiques une exagération évidente. D'abord les bénéfices réalisés par les Compagnies qui pratiquent l'assurance du risque professionnel sont des plus modestes et proviennent plutôt du placement des fonds que de l'excédent des primes sur les sinistres. Voici le résumé des opérations des 16 principales compagnies françaises pour l'exercice 1920 (1).

PRIMES de l'exercice	Paiements effectués dans l'année par					TOTAL des charges	Rapport aux primes	
	Capitaux constitutifs, rachats, réserves mathématiques, arrérages de rentes indemnités journalières frais funéraires	Frais médicaux et pharmaceutiques	Commissions et frais généraux	Frais judiciaires et expertises	Frais de contrôle		des charges totales	des frais médicaux et pharmaceutiques
							0/0	0/0
318.692.959	160.629.038	47.140.924	69.451.010	3.565.308	285.835	281.072.115	88.20	14.79

Le bénéfice atteint donc à peine le 12 0/0 des primes. Encore faut-il considérer que pour 1920 les primes encaissées ont subi une forte augmentation par suite de l'élévation considérable des salaires.

D'autre part, nous avons dit que l'année 1920

(1) Ces chiffres sont tirés d'un tableau publié par le « Moniteur des Assurances » du 15 septembre 1921.

avait vu s'accroître les charges imposées aux patrons ; il est évident qu'il s'en suivra pour les compagnies une forte élévation des dépenses et, par conséquent, une diminution des bénéfices, résultat qui ne s'est pas encore fait pleinement sentir.

Ce revenu modéré n'est obtenu que grâce à la plus attentive des gestions. Les Compagnies n'accordent les indemnités et les rentes qu'après un sérieux examen ; il peut se faire même que certains agents exagèrent leur zèle, mais nous ne croyons pas que ce soit là une règle générale, comme le prétendent les adversaires de l'assurance privée. Beaucoup de contestations entre assureurs et bénéficiaires se règlent par une transaction et les Compagnies évitent le plus possible de se lancer dans des procès onéreux. Il faut malheureusement compter en matière d'accidents de travail avec un certain contingent de fraudes et les Compagnies sont portées à une méfiance particulière dans le règlement des sinistres, méfiance dont les ouvriers honnêtes supportent malheureusement parfois les conséquences. Nous sommes certes persuadés que les fraudeurs ne sont qu'une infime minorité, mais leur existence explique, si elle ne les justifie pas, les difficultés dont les Compagnies d'assurance entourent parfois le règlement des indemnités. Nous ne croyons pas qu'une exploitation publique ait le bienfaisant résultat de réduire le nombre des fraudeurs. L'inverse serait plutôt à craindre, en raison du fameux adage : voler l'Etat n'est pas voler ! L'assurance publique trouverait là un grave inconvénient pratique.

Au système français on oppose souvent l'exemple de l'assurance publique en Allemagne contre l'invalidité, et les soins médicaux très complets donnés aux malades ; massages, traitements électrothérapiques, vin, lait, cure d'air, séjour d'été, infirmières à domicile, etc ; et l'on conclue : entre les deux méthodes, française et allemande, il y a toute la différence d'une entreprise dirigée dans un esprit de lucre et une organisation instituée et administrée dans l'intérêt des assurés. Il est évident qu'avec les seules primes actuellement versées par les patrons, il serait difficile aux Compagnies de prodiguer aux ouvriers blessés des soins aussi complets et aussi coûteux. Le système allemand appartient au domaine des assurances sociales qui, comme le fait observer M. Truchy, n'ont que partiellement le caractère d'assurances constituées par les intéressés eux-mêmes : la subvention y joue un rôle important, souvent le rôle principal et l'obligation y tient une large place. Les assurances sociales sont encore peu développées en France. Un projet de loi a été déposé le 22 mars 1921 à la Tribune de la Chambre des Députés par M. Daniel-Vincent, alors Ministre du Travail, projet qui garantit justement le risque d'invalidité et prévoit des soins médicaux très complets (art. 21-27-28-34) mais a pour base la contribution triple de l'ouvrier, du patron et de l'Etat.

Les critiques que l'on adresse à l'assurance contre les accidents de travail telle qu'elle a été organisée en France par la loi de 1898 et le décret de 1899, nous paraissent mal fondées. Le législateur a su donner à l'ouvrier des garanties suffisantes. Nous ne voyons pas dès lors en quoi l'assurance publique viendrait améliorer la condition des assurés ou des travailleurs. Avec le monopole, ceux-ci retrouveraient la paperasserie, les lenteurs, les complications inhérentes à toute entreprise d'Etat et perdraient toutes les facilités d'adaptation de l'assurance à leurs besoins individuels que leur procure la concurrence des compagnies. Les fraudes qui se multiplieraient conduiraient au déficit et à l'augmentation des primes, et si, pour remédier à ces abus, on recourait, comme le proposait M. Couderc, au choix judicieux des médecins autorisés, érigés naturellement en fonctionnaires, ce serait la suppression absolue du libre choix du médecin, ce qui soulèverait les protestations non seulement du corps médical, mais encore de la classe ouvrière si fortement attachée à cette liberté (1).

Nous ne ferons que mentionner en terminant cette étude sur les accidents de travail l'existence de la Caisse de prévoyance des marins français, instituée par la loi du 21 avril 1898. Font obligatoirement partie de cette

(1) Le principe du libre choix d'un médecin est une des caractéristiques de la législation française. Le législateur belge s'est séparé nettement du législateur français sur ce point capital, en supprimant le libre choix du médecin dans certains cas déterminés, notamment lorsque le chef d'entreprise a institué à sa charge exclusive un service médical et pharmaceutique et en a fait mention dans une clause spéciale du règlement d'atelier. *L'intérêt des patrons veut, en effet, que l'ouvrier soit soigné tout de suite et guéri le plus vite possible et complètement.*

Néanmoins une pareille solution aurait chez nous peu de chances de succès. On a proposé contre les fraudes des remèdes plus pratiques : simplifier le contrôle patronal prévu à l'article 4 (paragr. 8) de la loi sur les accidents de travail (texte de 1905) et rendre plus facile sa mise en action — exiger que le patron soit obligatoirement et immédiatement avisé par son salarié de l'accident de travail qui frappe celui-ci.

Notre législation offre à ce point de vue de la répression des fraudes une grave lacune.

caisse tous les inscrits maritimes dès l'âge de dix ans et tous les non inscrits embarqués sur des bâtiments français, à l'exception des navires de guerre ou affectés à un service public. L'intervention de l'Etat est ici poussée au maximum, puisqu'il y a assurance publique obligatoire. C'est qu'en cette matière des raisons toutes particulières demandaient un régime spécial. M. Lambert les expose en ces termes : « Les inscrits maritimes constituent une population intéressante (la loi du 21 avril 1898 est intervenue à la suite d'une crise intense de la pêche sardinière), exposée à des dangers spéciaux, jouant un rôle particulier dans la Défense Nationale, immédiatement mobilisable, indispensable pour l'ouverture rapide d'une guerre maritime : toutes considérations qui ont fait juger nécessaire une compensation et même une participation de l'Etat » (1).

Au surplus, cette institution ne constitue pas une assurance proprement dite car, en dehors des cotisations des participants, la loi prévoit que la Caisse sera aussi alimentée par une taxe prélevée sur les armateurs, par une subvention sur la retenue de 6 o/o sur les primes de la marine marchande, par des dons, des legs et même par des avances de l'Etat.

(1) Lambert op. cit., p. 42.

CHAPITRE IV

Les Assurances Agricoles

L'assurance des risques agricoles est d'une exploitation particulièrement délicate, La raison en est dans ce fait, justement observé par M. Lambert, que l'assurance en général suppose des conditions bien déterminées qui ne se trouvent qu'imparfaitement réalisées dans cette branche. Ces conditions consistent d'abord dans l'existence d'un risque, danger éventuel et réel — d'un danger incertain qui peut se produire mais est cependant aléatoire, du moins quant à sa date — enfin ce danger doit frapper un coup soudain, mais localisé « en épargnant la grande majorité des valeurs ou des personnes similaires garanties ». Or, cette triple condition n'est plus exactement réalisée pour les fléaux agricoles qui s'abattent le plus souvent sur des régions entières, ce qui, du moins pour certains risques, ne permet plus l'application de ce principe essentiel de l'assurance : répartition des valeurs détruites sur l'ensemble des valeurs épargnées (1).

(1) Voir Lambert op. cit page 157.

Aussi les deux risques où cet inconvénient se fait sentir à un moindre degré sont-ils actuellement les deux seuls garantis : la grêle et la mortalité du bétail.

Ce qui vient encore rendre plus difficile la tâche de l'assureur contre les risques agricoles, c'est que la statistique, dont on connait le rôle prépondérant en matière d'assurance, n'a pas ici la même sûreté que dans les autres branches.

En assurance grêle, en effet, le risque est double. Il y a d'abord celui qui dépend de la nature même des récoltes et celui qui dépend de la topographie des lieux, certains points étant en effet plus fréquemment atteints que d'autres. Pour évaluer ce double risque, il a fallu avoir recours à la fois, à la météorologie et à la géographie. On saisit toute la difficulté de la matière et son imprécision.

La véritable nature du risque de grêle a, d'ailleurs, été longtemps inconnue. On la considérait comme un risque stationnaire, toujours égal à lui-même pendant toute sa durée. M. Chaufton écrit à ce sujet : « C'était une appréciation erronée. Le risque de grêle est progressif comme le risque de mortalité et cela parait évident puisque la cause immédiate et directe du sinistre est une loi naturelle immuable qui, dans chaque localité, fonctionnera dans l'avenir comme elle a fonctionné dans le passé. ». (1)

Le risque de grêle est actuellement mieux connu à la suite de longues études, et cette catégorie d'assurance prend, de jour en jour, plus d'extension.

---

(1) Chaufton, op. cit. Tome I, page 96.

En ce qui concerne l'assurance contre la mortalité du bétail, les difficultés d'établir des bases rationnelles sont peut-être encore plus grandes. M. Chaufton explique ces difficultés par la nature particulière du risque : « Le bétail, dit-il, est soumis aux lois naturelles de la mortalité, mais les soins que lui donne l'homme, le régime auquel il le soumet, le climat sous lequel il le fait vivre peuvent altérer et altèrent considérablement ces lois. Ici aussi il y a un risque topographique en même temps qu'un risque spécifique. Mais il y a surtout un risque dépendant de la volonté de l'homme et c'est ce risque qu'il est très difficile de saisir dans ses capricieuses fluctuations. Le bétail ne représentant en définitive qu'une valeur à réaliser en argent, on conçoit que le propriétaire se laissera souvent tenter par la réalisation toute faite que lui offre l'assurance sous forme d'indemnité. Comment trouver la loi statistique de ces fraudes que dissimuleront les subtilités de l'intérêt personnel et l'impuissance où seront presque toujours les experts de déterminer avec certitude les causes de la mort des animaux ? » (1)

Cette difficulté à définir et à fixer le risque, explique les longs tâtonnements de l'assurance contre la mortalité du bétail.

Aussi les risques agricoles sont-ils extrêmement délicats à exploiter et exigent-ils des Sociétés qui les garantissent la plus attentive et la plus sage administration. Ceci explique que l'assurance agricole ne se soit développée qu'avec une extrême lenteur.

(1) Chaufton, op. cit. page 97.

Cependant, dans un pays agricole comme la France, les assurances rurales servent puissamment l'intérêt général et devant les difficultés auxquelles se heurtait dans ce domaine, l'initiative privée, il était dans le rôle de l'Etat d'apporter sa contribution à la réalisation de cette tâche difficile.

L'Etat pensa d'abord à se subtituer à l'initiative privée. Un essai d'assurance publique agricole fut tenté vers le milieu du XIXe siècle mais ne réussit pas. Napoléon III avait fait publier dans le Moniteur du 15 juin 1857 un projet de décret pour l'établissement d'une Caisse publique qui avait pour but d'indemniser les cultivateurs, au moyen d'une cotisation annuelle fixe et volontaire, des pertes causées dans leurs récoltes et leurs bestiaux par la grêle, la gelée, l'inondation et la mortalité. Ce projet ayant été rejeté par le Conseil d'Etat, la Caisse générale se créa tout de même, mais sous forme officieuse avec le concours des Préfets, des Sous-Préfets et des Maires. Mais l'entreprise ne réussit pas et ayant épuisé non seulement son capital social, mais encore le montant de plusieurs gros emprunts, elle dût liquider.

Depuis cet essai malheureux d'assurance publique, l'intervention de l'Etat s'est manifestée sous une autre forme, plus heureuse : les subventions et les encouragements officiels aux petites Mutuelles locales qui ont pour objet soit l'assurance contre la grêle, soit l'assurance contre la mortalité du bétail. Ces sociétés sont soumises à un régime spécial.

L'article unique de la loi du 4 juillet 1900 décide que les Sociétés ou Caisses mutuelles agricoles qui sont gérées gratuitement, qui n'ont en vue et qui, en fait, ne réalisent aucun bénéfice, sont affranchies des formalités prescrites par la loi du 24 juillet 1867 et le décret du 28 janvier 1868. Elles peuvent se constituer en se soumettant aux dispositions de la loi du 21 mars 1884 sur les syndicats professionnels. En outre, elles sont exemptes de tous droits de timbre et d'enregistrement autres que le droit de timbre de 10 centimes prévu par le paragraphe premier de l'article 18 de la loi des 23 et 25 août 1871. Ce sont donc de précieuses facilités que le législateur a consenti aux Sociétés agricoles Mutuelles, dans le but d'aider à leur développement et à leur diffusion. D'après les statistiques de 1920, on compterait 10.071 caisses locales, comprenant 503.056 membres, assurant un capital de 619.179.705 francs; et 75 Caisses de réassurance, réunissant 2887 Mutuelles locales, représentant un capital de 183.414.246 francs.

L'assurance agricole, dont l'utilité est incontestable, pouvait présenter néanmoins un danger. Elle pourrait engendrer l'incurie chez l'agriculteur et être funeste aux progrès agricoles. Mais pour éviter ce résultat néfaste, il suffit de laisser à l'assuré, afin de stimuler sa vigilance, une part du dommage subi. Aussi l'administration a-t-elle sagement agi en exigeant des sociétés subventionnées qu'elles laissent à la charge du propriétaire deux dixièmes de la perte.

Il est à noter enfin que la loi du 5 août 1920 sur le Crédit Mutuel et la coopération agricole, est venue donner une importance nouvelle aux Sociétés Mutuelles régies par la loi du 4 juillet 1900.

L'article 1 range, en effet, ces Sociétés au nombre

des associations qui sont autorisées à constituer des Caisses de Crédit Agricole. Ces Caisses ont exclusivement pour objet de faciliter et de garantir les opérations concernant la production agricole effectuées par leurs sociétaires individuels ou collectifs. Les Sociétés Mutuelles Agricoles peuvent, dès lors, en tant que Caisses de Crédit être soumises à un régime spécial et elles doivent se conformer dans leur constitution et leur fonctionnement à des prescriptions strictement déterminées. Entre autres dispositions, la loi de 1920 spécifie que le capital de ces Caisses doit être constitué par les parts des Sociétaires ; et la constitution des Caisses de Crédit est subordonnée au versement du quart du capital social.

Certaines conditions de publicité sont prévues.

Les statuts doivent déterminer le siège, la circonscription territoriale, le mode d'Administration des Caisses, fixer la nature et l'étendue de leurs opérations, les règles à suivre dans la modification des statuts, la dissolution des Sociétés, la composition du capital, etc. Au cas de violation des statuts ou de la loi, la responsabilité personnelle des administrateurs est engagée.

Ces Caisses reçoivent des subventions de l'Etat. L'article 26 spécifie : « L'avance de 40 millions de francs et la redevance annuelle à verser au Trésor par la Banque de France en vertu de la convention du 26 octobre 1917, approuvée par la loi du 20 décembre 1918, sont à la disposition du Gouvernement pour être remises à titre d'avance aux Caisses régionales. » (car la loi prévoit des Caisses régionales et des Caisses locales).

Enfin, point important, l'article 41 établit que le contrôle permanent de l'inspection générale des associations agricoles et des institutions de crédit s'exerce sur l'Office National de Crédit Agricole (créé par la loi de 1920) et sur les Sociétés de quelque nature qu'elles soient qui ont reçu des avances de l'Etat sur la dotation du Crédit Agricole.

Les sociétés d'assurances mutuelles agricoles peuvent donc, d'après les termes de cet article, faire l'objet d'un contrôle spécial amplement justifié par le caractère délicat des opérations de Crédit superposées à leurs opérations primitives d'assurance.

L'assurance agricole, en France, est appelée à prendre chaque jour un plus large développement. Elle fait, d'ailleurs, l'objet des *préoccupations constantes* du Gouvernement. Nous signalerons qu'un décret du 13 novembre 1922 a institué au Ministère de l'Agriculture une commission interministérielle chargée d'étudier le problème de l'assurance contre les risques qui menacent l'agriculture et notamment les calamités et les intempéries. Cette Commission, présidée par le Ministre de l'Agriculture ou son délégué, se compose, outre le Ministre, de vingt-deux délégués, nommés par arrêté interministériel. Ces délégués doivent comprendre un conseiller d'Etat, un conseiller à la Cour des Comptes ; les autres membres sont désignés par le Ministère des Finances, le Ministre de l'Agriculture, le Ministre du Travail et le Conseil supérieur de l'Agriculture.

CHAPITRE V

Les Sociétés d'assurance sur la vie humaine

I. — *Dispositions Générales*

L'assurance sur la vie humaine, alors qu'elle était déjà en plein développement en Angleterre au cours du XVIIIe siècle, ne s'implanta qu'assez difficilement en France où son principe soulevait de vives oppositions. Elle ne parvint à prendre quelque importance que dans les premières années du XIXe siècle. « Après une polémique ardente, dit M. Nadi, à laquelle prirent part Laplace, Pardessus, Favart de Langlade et le Conseil d'Etat, Juvigny, membre de la Société royale académique des sciences, fit paraître la première brochure sur les Assurances sur la vie, ayant pour titre : « Coup d'œil sur les assurances sur la vie des hommes ». Cette brochure fut décisive et donna à l'assurance vie ses lettres de créances sur notre sol de France » (1).

Mais il fallut attendre encore plusieurs années avant

(1) Projet de loi sur le Monopole des Assurances par l'Etat. Chambre des Députés, séance 1er octobre 1918. Documents Parlementaires. Annexe N° 5027.

qu'elle ne prenne une réelle importance. En 1860, les Compagnies anonymes françaises, qui faisaient la presque totalité des opérations d'assurance-vie, ne garantissaient que 455 millions de capitaux. Ce fut surtout après la reconstitution économique et financière qui suivit la guerre de 1870, que les Sociétés de cette nature se multiplièrent. Successivement furent créées : le Soleil, par décret du 21 décembre 1872 — L'Atlas (plus tard l'Aigle) le 16 juin 1873 — En 1877, le Patrimoine, l'Ouest (Nantes), l'Abeille. — En 1878 : le Temps. En 1880 apparaissent coup sur coup, à quelques mois d'intervalle : la France, la Foncière, la Centrale, le Nord. En 1881 ; la Providence, la Métropole, Le Progrès National, la Mutuelle-Vie. Aussi, dès 1896, le chiffre des capitaux en cours pour les Compagnies françaises atteignait-il 3 milliards et demi, pour plus de 350.000 assurés. En 1882, la production annuelle s'élevait à 590 millions de francs.

En présence d'un pareil essor, il fallut songer à établir sur les Sociétés pratiquant l'assurance sur la vie, une surveillance effective.

Nous avons vu que la loi de 1867 avait maintenu pour cette catégorie d'assurance, le système de l'autorisation préalable. Mais en pratique le contrôle de l'Etat se heurtait à de graves difficultés qui le rendaient à peu près inefficace malgré le service des Assurances établi au Ministère du Commerce qui était chargé de contrôler l'application des statuts approuvés par le décret d'autorisation. C'est que le régime en vigueur comportait de nombreuses imperfections d'organisation.

En notre matière, en effet, pour que la surveillance

de l'Etat soit vraiment effective, il faut qu'elle porte sur tous les points dont dépend la prospérité d'une société d'assurance vie : le tarif appliqué, le choix des risques et le placement des fonds.

Le tarif dérive de la combinaison des lois de mortalité avec le taux des fonds placés. Or, ce taux peut varier, et on a dû admettre dans les tarifs une différence de 1/10 en plus ou en moins : cette variation peut évidemment influer sur la prospérité de la Société. Au surplus cette latitude dans les tarifs pouvait donner lieu à arbitraire. C'est ainsi que la Compagnie d'assurances générales, l'Union, la Caisse Paternelle, l'Urbaine et l'Atlas ne pouvaient dépasser dans le jeu des tarifs la limite de 1/10 en plus ou en moins sans autorisation du gouvernement, alors que la Nationale avait la faculté de modifier ses tarifs suivant les variations de l'intérêt et abaisser jusqu'à 2 o/o le taux qui leur sert de base sans le concours du gouvernement (1). L'Impériale (devenue le Crédit Viager) ne pouvait par contre modifier aucunement ses tarifs sans autorisation gouvernementale.

D'ailleurs la question de la fixation des tarifs était envisagée à un faux point de vue. C'est ainsi que la Nationale ne se voyait opposer aucune limite à l'abaissement de ses tarifs. Or, un avilissement excessif peut compromettre la stabilité d'une Compagnie d'assurance tout autant, si ce n'est davantage, qu'un tarif trop cher que la concurrence se charge de ramener à une propor-

1. — V. Du Rôle du gouvernement dans l'autorisation et la surveillance des Compagnies d'assurances sur la vie, par M. E. de Kertanguy. Journal des actuaires. T. VII. Juillet 1878.

tion normale. Les tarifs d'assurance étaient donc loin d'être suffisamment garantis par l'application de la loi de 1867.

Un autre point important est le choix des risques. On sait que, la sélection des risques est une des bases de l'assurance moderne. C'est elle qui permet aux Sociétés de maintenir leurs primes à un taux assez bas et d'affermir leur situation financière. Elle prend, en assurance-vie une importance toute particulière. Sans une sélection rigoureuse des assurés, les statistiques et les tables de mortalité sur lesquelles s'appuient les opérations d'assurance, perdent toute signification. Or, sous le régime de l'article 37 du Code de Commerce, aucune mesure n'était prévue et les statuts laissaient, en général, liberté entière aux sociétés à ce sujet.

Le troisième point essentiel, sur lequel doit porter le contrôle de l'Etat pour être efficace est le placement des fonds, opération très délicate et dont le résultat a une grande influence sur l'état financier des Compagnies, ainsi que nous le verrons plus loin. Or, le placement des fonds n'était pas toujours prévu dans les statuts approuvés par le gouvernement, et même s'il l'était, le contrôle était très difficile à exercer et demeurait souvent inefficace. Il s'agissait d'apprécier si la société avait bien porté dans son bilan telle valeur mobilière ou tel immeuble pour son prix réel. Certaines sociétés évaluaient leurs immeubles au prix d'acquisition ; d'autres en faisaient chaque année une nouvelle estimation : toutes choses qui venaient compliquer la tâche des contrôleurs.

Ces difficultés rendaient en pratique à peu près impossible le contrôle de l'Etat sur les opérations des Sociétés d'assurance sur la vie. Ajoutons qu'en vertu de la loi du 30 mai 1857, les compagnies étrangères fonctionnaient sans autorisation préalable, à la seule condition que leur pays ait bénéficié d'un décret global d'autorisation du gouvernement français. C'était là une situation anormale, car plus que toutes autres les sociétés étrangères doivent être sérieusement surveillées.

On ne tarda pas à se rendre compte de l'insuffisance de cette législation et on songea à organiser auprès des sociétés d'assurance sur la vie une surveillance et un contrôle plus efficaces que l'illusoire régime de 1867. Il apparaissait nettement que l'assurance sur la vie méritait, en raison de ses caractères propres, une sollicitude toute particulière de la part de l'Etat.

Supposons, en effet, qu'une compagnie d'assurance contre l'incendie fasse faillite. La perte de l'assuré se bornera à la prime de l'année en cours (à moins que la faillite ne survienne malencontreusement après le sinistre, mais avant le règlement de l'indemnité), et il en sera quitte pour passer un nouveau contrat avec une autre compagnie. Mais en cas de faillite d'une société d'assurance sur la vie tous les versements antérieurs de l'assuré sont anéantis et il ne lui suffira pas de contracter une nouvelle assurance pour réparer le dommage subi.

D'autre part, l'assuré qui ne contracte pas avec la compagnie sur un pied de parfaite égalité, a besoin d'une certaine protection qui le mette à l'abri des clauses abusives des polices ; d'autant que les intérêts en jeu sont ici particulièrement dignes d'attention : « C'est le patrimoine de l'orphelin, de la veuve, dit M. Poujad, c'est l'épargne du vieillard qu'il s'agit de préserver en empêchant une partie notable de l'épargne affectée au paiement des primes d'être perdue par suite d'une constitution défectueuse, à défaut de garanties qui doivent exister pour l'emploi de capitaux touchés sous formes de primes et destinés à remplir les engagements assumés. ».

De toute évidence l'assurance-vie, pour se développer, exigeait une plus grande sécurité. C'était bien la pensée du Ministre de l'Agriculture et du Commerce dans la lettre qu'il adressait le 5 juin 1875 aux conseils d'administration des différentes compagnies : « Messieurs, l'article 66 de la loi de 1867 sur les Sociétés dispose que les associations de la nature des tontines, et les sociétés d'assurance sur la vie, mutuelles ou à primes, restent soumises à l'autorisation et à la surveillance du Gouvernement, jusqu'à présent cette surveillance n'a été réellement appliquée qu'aux associations tontinières ; il me parait essentiel qu'elle s'applique à toutes les Sociétés conformément aux prescriptions de la loi. Les assurances sur la vie ont pris dans ces dernières années un certain développement, il est à désirer que ce développement se continue. Or, la certitude pour les assurés que le contrôle prescrit par la loi s'exécute est une des conditions qui paraissent de nature à favoriser ce développement. La loi, d'ailleurs, doit être observée. » (1) Et le Ministre, assimilant aux tonti-

(1) Cité par Chauftou. op. cit. Tome I, p. 638.

nes les Sociétés Mutuelles et les Compagnies à primes fixes, déclarait vouloir les soumettre au contrôle de la Commission instituée par le décret du 12 juin 1842.

Les Compagnies protestèrent ; un premier projet ministériel de règlement d'administration publique fut rejeté par le Conseil d'Etat. Alors le Ministre décida de procéder par voie de simples arrêtés : ce furent les arrêtés des 15 mai et 29 juin 1877. L'article 1 de l'arrêté du 29 juin décidait : « La surveillance organisée par la décision ministérielle susvisée, en ce qui concerne les Compagnies d'assurance à primes fixes sur la vie, sera exercée sous l'autorité du Ministre par une commission spéciale composée de cinq membres. »

C'était, en somme, l'extension de l'ordonnance de 1842 aux Sociétés mutuelles et à primes d'assurance sur la vie, basée sur une fausse interprétation de l'article 66 de la loi de 1867. D'après le Ministre du Commerce ce texte soumettait au même contrôle, Tontines, Mutuelles et Compagnies « qui, au surplus font, sous des formes différentes, des opérations analogues ». C'est dans cette assimilation que réside l'erreur. Chaufton l'exprime en termes excellents : « La vérité est que la tontine est une combinaison spéciale d'assurance. Il serait contraire aux règles les plus élémentaires de l'interprétation juridique d'étendre au genre, sous prétexte d'analogie, la règle écrite pour l'espèce : *spéciala genelibus derogant*. » Ce fut d'ailleurs l'avis du Conseil d'Etat devant lequel les compagnies déférèrent les décisions ministérielles comme entachées d'excès de pouvoir. Par arrêt en date du 14 mai 1880, le Conseil d'Etat annula les arrêtés de juin 1877 et la décision ministérielle du

15 mai de la même année (sauf une disposition spéciale concernant l'état de situation.

La loi du 17 mars 1905. — Cependant les assurances sur la vie continuaient à être soumises au régime de l'autorisation préalable dont nous avons montré la médiocre efficacité. L'introduction des compagnies américaines vint à ce moment causer une grave crise dans l'assurance française. Les Compagnies nationales souscrivaient, en effet, en 1893, pour 495.996.000 francs de capitaux; ce chiffre tomba brusquement à 296.451.000 francs en 1894 et 282.378.000 francs en 1895. De retentissantes faillites, celles de la Rente Viagère, de la Caisse générale des familles entre autres, vinrent, en 1902, redoubler les alarmes. De plus en plus la nécessité de l'intervention du législateur se faisait sentir (1). Ce ne fut pourtant que le 17 mars 1905 qu'on aboutit enfin, après de longues discussions, au vote d'une loi.

Cette loi, qui régit actuellement les entreprises d'assurance sur la vie mérite, par son importance, une étude un peu approfondie.

Voyons d'abord son champ d'application. D'après l'article 1 : « Sont assujetties à la présente loi les entreprises françaises ou étrangères qui contractent des « engagements dont l'exécution dépend de la durée de « la vie humaine.— Sont exceptées les Sociétés définies « par la loi du 1er avril 1898 sur les Sociétés de Secours « Mutuels et les institutions de prévoyance publiques

(1) Beaucoup de bons esprits réclamaient l'application à l'assurance-vie des dispositions du décret du 28 février 1899, faisant suite à la loi du 9 avril 1898 et soumettant les compagnies d'assurance contre les accidents de travail à la surveillance et au contrôle de l'Etat.

« ou privées régies par des lois spéciales. » A noter déjà ce point que nous développerons plus loin qu'étaient comprises dans la loi les entreprises étrangères et les associations tontinières.

Pour toutes ces entreprises le régime antérieur était complètement transformé. Le système de l'autorisation préalable était supprimé ; désormais les Sociétés d'assurance-vie peuvent fonctionner après simple enregistrement, sur leur demande, par le Ministre du Commerce. De plus, pour écarter les Sociétés non sérieuses de solliciter l'enregistrement, toute entreprise doit préalablement déposer un certain capital à la Caisse des dépôts et consignations. Le décret du 22 juin 1906 fixa ce capital au quart du fond de premier établissement, sans pouvoir être inférieur à 50.000 francs ou supérieur à 500.000 pour les Sociétés Mutuelles françaises ; à 500.000 francs pour toutes les autres entreprises françaises ou étrangères. Ce dépôt est d'ailleurs restituable dans le mois de l'enregistrement au journal officiel. C'est donc un simple moyen de sélection.

Mais si l'autorisation préalable est supprimée, il ne faut pas en conclure que la loi de 1905 livre les entreprises à elles-mêmes. Elle s'efforce au contraire d'établir dans la mesure du possible, la sécurité de l'assuré, et dans ce but, elle prévoit la subordination de l'enregistrement, à la justification d'un certain nombre de garanties, et organise tout un système de surveillance et de contrôle.

A. *Garanties exigées des Sociétés.* — Les garanties exigées par le législateur de 1905 consistent essentiellement dans l'existence d'un capital social et la constitution de certaines réserves.

L'article 5 s'exprime ainsi : « Les Sociétés françaises « anonymes ou en commandite doivent avoir un capi » tal social au moins égal à 2 millions de francs. Les « sociétés françaises à forme mutuelle ou tontinière de- « vront constituer un fonds de premier établissement qui « ne peut être inférieur à 50.000 francs et qui doit être amorti en 15 ans au plus ». (1). La loi de 1867 imposait déjà aux Sociétés anonymes et en commandite la formation d'un capital social. La loi de 1905 fixe le montant minimum de ce capital pour les Sociétés d'assurance vie ; il importait à la fois d'imposer un capital suffisant au développement initial de la Société et de ne pas imposer un minimum trop élevé afin de ne pas décourager les fondateurs des Sociétés nouvelles. Ce capital social a surtout son utilité au début des opérations, lorsque les associés sont en petit nombre.

L'article 6 règlementait un des points les plus importants de la loi : « Toutes les entreprises qui contractent des engagements déterminés sont tenues de constituer des réserves mathématiques égales à la différence entre les valeurs des engagements respectivement pris par elles et par les assurés ». Les réserves mathématiques constituent la plus précieuse garantie des assurés. Si le capital social, en effet, peut devenir inutile lorsque l'entreprise est prospère, les réserves mathématiques, elles, sont toujours indispensables. Ce point demande un certain développement.

(1) Cet article a été modifié par la loi du 21 mai 1921 qui a porté à 500.000 francs le minimum du fonds de premier établissement. Le chiffre de 50.000 francs, fixé en 1905, ne correspondait plus, en effet, à la valeur actuelle de l'argent.

1. *Réserves mathématiques*. — Le problème de l'équilibre financier des Compagnies d'assurance est délicat. Les termes principaux en sont analysés dans le passage suivant de M. Julliot de la Morandière :

«... La gestion d'une mutualité d'assurance consiste, essentiellement, dans la tenue d'une sorte de compte-courant... Dans les Compagnies gérées scientifiquement ce compte est établi par avance grâce aux diverses hypothèses que nous avons ci-dessus assez longuement décrites : notamment hypothèse scientifique permettant de prévoir la valeur et l'échéance des indemnités à payer, c'est à dire la valeur et l'échéance des sorties du compte-courant — hypothèse financière sur le taux d'intérêt des placements. Pour que la Compagnie soit prospère, il faut que la réalité corresponde aux prévisions, que les hypothèses se vérifient, que les recettes et les dépenses soient conformes au compte dressé à priori (1)».

Mais, par la force des choses, il n'y a pas coïncidence entre la perception des primes et le paiement des indemnités. Il peut donc arriver que le compte se trouve à un moment donné à découvert, à un autre en excédent de recettes. Citons encore M. Julliot de la Morandière : «Si à un instant donné, il (le solde du compte) est en faveur de la colonne des sorties, c'est à dire si la mutualité se trouve à découvert, a payé plus qu'elle n'a reçu, il ne faut pas cependant en conclure que l'entreprise est en déficit et marche à sa ruine. Car le découvert actuel sera comblé plus tard par un excédent de recettes, puisque l'hypothèse qui sert de base à notre raisonnement

(1) Julliot de la Morandière — De la réserve mathématique des primes dans l'assurance, page 35.

est celle de l'équivalence définitive des recettes et des dépenses... ». Par contre, si le solde est en faveur de la colonne des entrées, on ne doit pas considérer que la société est en bénéfice, car cet excédent doit correspondre à un découvert futur. « Les excédents, l'entreprise devra donc les garder, les mettre « en réserve », afin de faire face au paiement futur des diverses dépenses. Ces écarts ainsi constatés dans le jeu du compte-courant qui résume l'opération d'assurance, sont précisément ce qu'on appelle les *Réserves de primes* pour risques en cours ».

Les réserves de primes pour risques en cours qui jouent un rôle important dans les diverses sortes d'assurance, prennent en assurance-vie une signification toute particulière. L'assuré paie, en effet, ici, pendant toute la durée de son assurance, une prime moyenne invariable, calculée d'après l'âge qu'il a lors du contrat. Cette prime, d'abord supérieure au risque, finit par lui devenir inférieure ; en assurance, en cas de décès, par exemple, il est évident que plus les assurés vieillissent, plus les chances de mort augmentent, plus la compagnie aura de sinistres à régler. Il est prudent que la Société constitue dès les premières années des réserves destinées à parer plus tard à l'insuffisance des primes. M. Julliot de la Morandière met ce fait en relief par un exemple. Supposons, dit-il, 771 assurances pour la vie entière de 10.000 francs conclues durant une année et reposant sur des individus âgés de 30 ans du type A.F. « La prime viagère de leur contrat étant de 177 francs, la première année l'assureur reçoit 136.467 francs : la table nous indique que six assurés sont décédés ; l'assureur eu à payer 60.000 francs, il reste donc 76.467 francs qui, augmentés des intérêts à 3 1/2 %, donneraient à la fin de l'année le montant de la réserve mathématique. Supposons que l'assureur ne porte que 50.000 francs à son bilan et distribue le reste à ses actionnaires comme dividendes fictifs. L'année suivante notre assureur va recevoir des assurés survivants 765×177=135.405 fr. qui, ajoutés aux 50.000 francs donnent 185.405 francs. Or, il n'y aura à payer, si la mortalité est conforme à celle de la table, que 50.000 francs. Et ainsi de suite, on voit que la Compagnie pourra continuer à fonctionner, tout en ne constituant pas intégralement ses réserves. Il en sera ainsi tout au moins jusqu'à ce que nous arrivions à la seconde période, celle où le total des primes annuelles devient insuffisant pour faire face aux sinistres de l'année ; c'est à ce moment que l'on fait appel aux réserves et si elles sont insuffisantes, l'impossibilité de payer se manifestera rapidement. L'entreprise pourrait même ne pas constituer de réserves du tout, elle fonctionnerait tant que les primes annuelles seraient suffisantes pour acquitter les indemnités de l'exercice, c'est à dire, dans notre exemple, pendant 20 ans ; mais quand les assurés atteindraient 51 ans, l'entreprise ne recevrait plus que 109.000 francs et aurait à payer 110.000 francs, elle ne pourrait le faire (1) ».

On comprend dès lors l'obligation imposée par l'article 6 à toute entreprise sur la vie de constituer une réserve mathématique. Mais comment constituer cette réserve ? Elle repose sur des hypothèses de calcul « L'as-

(1) Julliot de la Morandière op. cit. page 254.

sureur se basant sur des observations antérieures, dit encore M. de la Morandière, dresse une table de mortalité, choisit un taux d'intérêt et un taux de chargement ; il présume que dans l'avenir les résultats déjà constatés se reproduiront, et réunissant le plus grand nombre d'assurés possible, il leur demande la prime calculée au moyen du compte, dressé à priori, des recettes et des dépenses probables de la mutualité ainsi formée. La réserve est calculée selon les mêmes principes, elle repose toujours sur l'évaluation à priori des recettes et des dépenses probables que les assurés apporteront et occasionneront à l'assureur (1). » Influeront donc dans le calcul des réserves : la table de mortalité, les taux d'intérêt et de chargement (2).

Les réserves mathématiques peuvent en somme être définies : l'évaluation financière de la valeur actuelle de la dette contractée par l'assureur envers l'assuré. Nous en avons dégagé toute l'importance ; elles constituent la meilleure garantie de l'assuré, aussi était-il naturel que le législateur, après en avoir imposé la constitution, s'efforçat d'en établir la réalité. Les réserves mathématiques doivent rester entre les mains de l'assureur à titre de simple dépôt et figurer au passif du bilan (3). Si l'article 11 de la loi de 1905 oblige les

---

(1) Julliot de la Morandière, op. cit. p. 267

(2) Une entreprise d'assurance a à faire face, en dehors des dépenses d'assurance proprement dites, à des frais généraux considérables. Ces frais sont couverts à l'aide d'un supplément que l'on ajoute à la drime de mutualité pure. Ce supplément est appelé chargement.

(3) Les réserves mathématiques se différencient nettement sur ce point de la réserve statutaire, instituée par la loi de 1867, qui est prélevée sur les bénéfices et vient augmenter le capital social, donc l'actif

Compagnies d'assurance à publier annuellement un compte-rendu de leurs opérations, il serait néammoins facile aux dites compagnies de créer artificiellement, par des jeux d'écriture habiles, l'équilibre parfait entre les recettes et les dépenses. « Il ne suffit pas de constater que les réserves mathématiques figurent au passif et « qu'elles soient exactement balancées par certaines « valeurs à l'actif. Il faut encore être certain que cet actif « et ce passif correspondent bien à la réalité des cho- « ses ». Le législateur de 1905 a donc agi sagement en établissant son contrôle à la fois sur les bases du calcul des réserves et sur la réalité de l'actif du bilan.

Calcul des réserves. — Examinons d'abord le premier point. Il est évident que toutes les compagnies n'étant pas gérées dans des conditions identiques, il ne pouvait être question de leur imposer un taux de réserve immuable, mais bien simplement de leur fixer un minimum. Dans ce sens, l'article 9 décidait qu'un décret, rendu, après avis du Comité consultatif des assurances sur la vie, devait déterminer les différentes tables de mortalité, le taux d'intérêt et les chargements d'après lesquels doivent être calculées au minimum les primes des opérations à réaliser ainsi que les réserves mathématiques. Ce fut l'objet du décret du 20 janvier 1906. Ce décret fixait le taux d'intérêt à 3.50 % ; la table de mortalité A F était réservée aux assurances en cas de décès, et la table C R aux assurances en cas de vie ou rentes viagères (1). Quant au chargement il devait être de 6 % de

(1) La table de mortalité C R avait été élaborée en 1887 par la caisse des retraites. La table A F qui date de 1895, avait été dressée par les Compagnies à primes fixes d'après leur propre expérience.

la prime ou cotisation brute pour frais de gestion et 1 °/₀ pour frais d'encaissement, en ce qui concernait les Sociétés d'assurance mutuelles qui ne payaient aucune commission ni aucune rétribution pour l'acquisition des assurances et qui l'avaient stipulé dans leurs statuts. Pour toutes les autres entreprises, le chargement devait être, en règle générale, de 3.50 °/₀ du capital assuré sur chacune des primes annuelles supposées payables pendant la durée entière de l'assurance pour frais de gestion ; de 6 °/₀ de chacune des primes brutes pour frais d'encaissement ; de 1 °/₀ du capital assuré pour frais d'acquisition.

Cependant si les tables de mortalité et la mortalité effective ne coïncident pas, si le taux fixé est inférieur au taux réellement retiré, il peut se faire que les réserves mathématiques deviennent insuffisantes.

La loi a voulu pourvoir à cette éventualité qui pouvait entraîner de fâcheuses conséquences, et elle édicte dans son article 6 cette sage disposition : « Les entreprises produiront annuellement, à l'époque et dans les « formes déterminées par le Ministre et après avis du « Comité consultatif des assurances sur la vie, la comparaison 1° entre la mortalité réelle de leurs assurés « et la mortalité prévue par les tables admises pour le « calcul de leurs réserves mathématiques et de leurs « tarifs ; 2° entre le taux de leurs placements réels et « celui qui a été admis pour les calculs sus-visés. En cas « d'écarts notables et répétés, portant sur un de ces éléments, des arrêtés ministériels peuvent exiger, au « plus tous les cinq ans, une rectification des bases du

« calcul des réserves mathématiques, des opérations en « cours et des tarifs, des primes ou cotisations ».

Contrôle du bilan. — Mais ces réserves mathématiques, si régulièrement constituées soient-elles, ne seraient pour les assurés qu'une garantie illusoire, si ne figuraient pas à l'actif du bilan des valeurs qui les équilibrent. Aussi le législateur s'est-il préoccupé d'assurer tout à la fois, la constitution de cet actif et son placement en valeurs réelles et sûres.

En ce qui concerne la constitution de l'actif, la loi de 1905 a établi deux systèmes différents.

Pour les entreprises étrangères, les valeurs représentant la portion d'actif (à l'exception des immeubles) correspondant aux réserves mathématiques, à la réserve de garantie et aux bénéfices revenant aux assurés et non distribués, doivent faire l'objet d'un dépôt à la Caisse des dépôts et consignations. Les conditions de ce dépôt furent déterminées par le décret du 25 juin 1906; les Compagnies sont tenues de justifier de ce dépôt en produisant, avant le 31 mai de chaque année, au Ministre du commerce, le certificat délivré par la caisse. De *plus, le retrait des valeurs ainsi déposées ne peut* se faire que dans certains cas strictement déterminés.

Le régime des sociétés françaises est plus libéral. Les valeurs correspondant aux réserves mathematiques ne sont pas individualisées dans l'actif. Il suffira qu'à l'inventaire annuel l'actif puisse balancer les réserves mathématiques et la réserve de garantie.

Aussi, en ce qui concerne ces valeurs, le contrôle de l'Etat s'étend-il sur tout le patrimoine social, dans le but d'assurer un placement sûr et facilement réalisable.

Ce contrôle fut déterminé par le décret du 9 juin 1906, qui s'applique aussi aux sociétés étrangères pour la portion de leur actif correspondant aux contrats souscrits et exécutés en France ou en Algérie. Ce décret réglemente le placement de l'actif des entreprises d'assurance sur la vie. Certaines valeurs, limitativement énumérées, sont seules autorisées, et dans une certaine proportion. Il importait, en effet, d'assurer la sécurité des sommes très importantes détenues par les Compagnies et qui proviennent soit du capital social et des réserves libres, soit surtout des réserves mathématiques. C'est ainsi qu'au 31 décembre 1920, pour les principales sociétés anonymes, le montant des réserves mathématiques pour risques en cours atteignait 2.691.522.886 francs, et 2.709.858.722 fr. à la fin de l'année 1921 (1). Des sommes aussi élevées sont évidemment susceptibles de produire de gros revenus et les Compagnies, pour accroître leurs bénéfices, pourraient être tentées de sacrifier dans leurs placements la sécurité au gros rendement et compromettraient ainsi les capitaux qui constituent la garantie des assurés. Aussi le législateur a-t-il non seulement imposé certains placements déterminés, mais encore fixé un taux d'intérêt assez bas, duquel les Compagnies ne doivent pas trop sensiblement s'écarter. Ce taux a été d'abord de 4 °/₀ jusqu'en 1894, puis de 3.5 °/₀. Il est actuellement, selon les Compagnies, de 4.25 ou de 3.50 °/₀. Un certain écart est cependant admis, et selon que les Compagnies arrivent à retirer un intérêt supérieur ou

(1) Voir les chiffres publiés par le Moniteur des assurances, du 15 juillet 1922.

inférieur à celui prévu par la loi, elles réalisent des bénéfices ou supportent des pertes. En général, d'ailleurs, la différence se traduit par un bénéfice appréciable, qui constitue même le plus important revenu des Sociétés d'assurance sur la vie. Ainsi pour les principales Compagnies, le bénéfice sur les revenus des fonds placés a atteint en 1913 : 18.791.578 francs ; en 1920 : 16.588.931 francs ; en 1921 : 19.953.171 francs (1). Il était donc imprudent de laisser sans contrôle, comme le faisait l'ancien régime, un élément aussi considérable de la prospérité des Sociétés, et la loi de 1905 est venue combler une grave lacune.

2. - *Réserve de garantie.* - La constitution de réserves mathématiques a cependant paru insuffisante au législateur de 1905, pour assurer la sécurité complète de l'entreprise. Nous avons vu, en effet, que ces réserves n'étaient que l'évaluation à priori des engagements de l'assureur vis-à-vis de l'assuré. Il peut se faire dès lors que ces prévisions soient déjouées et que la Société subisse un tel déficit dans ses opérations que les réserves mathématiques deviennent insuffisantes à le combler et qu'elle soit, de ce fait, menacée de la faillite. D'autres mesures préventives s'imposaient pour parer à ce danger.

Dans ce but, l'article 5 prévoyait la constitution d'une réserve de garantie, tenant lieu du prélèvement prescrit par l'article 36 de la loi du 24 juillet 1867 (qui stipulait que toute Société devait faire un prélèvement annuel sur les bénéfices de 1/20 au moins, affecté à la

(1) Voir Moniteur des Assurances, n° juillet 1921-juillet 1922.

constitution d'un fonds de réserve). D'après le décret du 22 juin 1906, qui vint compléter sur ce point la loi de 1905, cette réserve est alimentée par un prélèvement annuel sur les encaissements d'une somme au moins égale à 3 °/₀ du montant global des primes uniques et périodiques encaissées au cours de l'exercice.

3. — *Droit de privilège et de gage au profit des assurés.* — Les différentes réserves constituent pour l'assuré de précieuses garanties. Il importait donc qu'au cas de liquidation de la Société leur montant ne soit pas confondu avec le reste de l'actif social et détourné ainsi de leur véritable destination. Aussi l'article 7 décide-t-il que le montant des réserves mathématiques et des réserves de garantie — ainsi que les bénéfices accumulés au nom des assurés et mis en réserve pour une répartition ultérieure — seront affectés au règlement des opérations d'assurance par un privilège qui prendra rang après le paragraphe 6 de l'article 2101 du Code civil.

B. Controle de l'Etat

Les garanties que nous venons d'énumérer sont corroborées par des mesures de surveillance et de contrôle.

Ce contrôle est exercé sous la direction du Ministre du commerce par deux organes distincts : le Comité consultatif, et le personnel du contrôle proprement dit.

Le recrutement du personnel du contrôle a été organisé par un décret postérieur à la loi de 1905.

Quant au Comité consultatif, il est composé de vingt et un membres et jouit de nombreuses attributions. Il doit être consulté au sujet de la demande d'enregistrement, il intervient dans le calcul des réserves et, en général, dans toutes les questions relatives à l'application de la loi.

Pour faciliter le contrôle de l'Etat, les Sociétés d'assurances sur la vie sont tenues de donner à leurs opérations une certaine publicité.

Toute entreprise doit, d'après l'article 11 :

1° Publier en langue française un compte-rendu annuel de ses opérations, avec états et tableaux annexes, conformes aux modèles déterminés par arrêtés ministériels ;

2° Produire le dit compte-rendu au Ministre du Commerce et le déposer au greffe des tribunaux, et des Tribunaux de commerce, tant du département de la Seine que du siège social ;

3° Délivrer à tout assuré ou associé qui en fait la demande, moyennant une somme qui ne peut dépasser 1 franc, copie de ce compte-rendu ;

4° Publier à ses frais au journal officiel un compte-rendu sommaire comprenant le compte général des profits et pertes, la balance générale des écritures et le mouvement général des opérations en cours.

De plus, les entreprises doivent communiquer au Ministre, à toute époque et dans les formes et délais qu'il détermine, tous les documents et éclaircissements qui lui paraissent nécessaires.

Par surcroît, elles sont soumises à la surveillance de commissaires-contrôleurs assermentés qui peuvent, à toute époque, vérifier sur place toutes les opérations : contrats intervenus, caisse, calcul des réserves etc..., sans toutefois pouvoir donner aucune instruction. A côté de ces commissaires, le Ministre peut déléguer exceptionnellement d'autres personnes spécialement compétentes chargées de les assister (art. 11, paragr. 4).

L'utilité de ces mesures de publicité ressort nettement. Une société dont la situation financière est douteuse, peut continuer encore longtemps à donner au public, par d'habiles jeux d'écritures, l'illusion de la prospérité, jusqu'à ce qu'elle soit forcée de déposer son bilan. Il importait donc que chacun, à tout moment, puisse se rendre un compte exact de la véritable situation d'une Société, et c'est dans ce but qu'ont été instituées les diverses mesures de publicité que nous venons d'énumérer.

C. Pénalités

La loi de 1905 aurait été incomplète si les prescriptions qu'elle établissait n'avaient pas été sanctionnées par certaines pénalités.

D'abord le législateur s'est réservé d'intervenir dès qu'à certains indices la bonne gestion de la société lui paraîtrait compromise. C'est ainsi que l'article 4 prévoit la dissolution obligatoire de la Société en cas de perte de la moitié du capital social, l'assuré étant mis ainsi à l'abri d'une faillite complète.

En outre, l'enregistrement peut être retiré au cas de fautes ou de manquements graves. Le droit de retrait n'appartient pas au gouvernement. Cette mesure ne peut être prise que par décret rendu après avis conforme du comité consultatif des assurances sur la vie, et les représentants de l'entreprise dûment entendus. Les intéressés peuvent d'ailleurs se pourvoir devant le Conseil d'Etat pour excès de pouvoir, et le pourvoi est suspensif. Le Conseil d'Etat doit statuer dans le mois.

Le Titre IV de la loi de 1905 prévoit deux catégories de sanctions.

D'abord les entreprises sont passibles de plein droit et sans aucune mise en demeure d'amendes administratives, recouvrées comme en matière d'enregistrement, à la requête du ministre du commerce. Ces amendes s'appliquent aux retards apportés dans la publication de certains documents et varient de 20 francs à 100 francs par jour de retard.

D'autres infractions plus graves sont punies d'amendes pénales, poursuivies devant le tribunal correctionnel à la requête du Ministère public. Les contraventions sont constatées par procès-verbaux des commissaires contrôleurs. Ce sont celles relatives au mode de placement imposé, à la consistance des réserves mathématiques, à l'ouverture des comptes individuels pour les bénéfices non répartis, au dépôt exigé des compagnies étrangères. Les amendes infligées vont de 100 à 5.000 francs et en cas de récidive de 500 à 10.000 francs.

Enfin, toute déclaration ou dissimulation frauduleuse, soit dans les compte-rendus, soit dans les autres documents produits au Ministre du Commerce ou portés à la connaissance du public, est punie par les peines prévues par l'article 405 du Code Pénal.

II. — *Dispositions particulières*

La loi de 1905, en dehors des dispositions générales que nous venons d'exposer, prévoyait un certain nombre de décrets destinés notamment à déterminer la situation juridique exacte des Mutuelles et des tontines, des entreprises de gestion et des sociétés étrangères. Ce sont ces dispositions particulières que nous allons maintenant étudier.

A. — *Mutuelles et Tontines*

Jusqu'à cette époque les sociétés mutuelles d'assurance sur la vie étaient gérées suivant des règles à peu près identiques à celles des Compagnies à primes fixes. Seules les tontines avaient fait l'objet d'une législation spéciale : le décret du 17 juin 1842. Nous avons vu qu'il avait été question vers 1875 d'étendre les dispositions de ce décret non seulement aux Mutuelles, mais aussi aux Sociétés anonymes. Le législateur de 1905 estima que les Mutuelles et les Tontines présentaient des caractères particuliers qui ne permettaient pas de les assimiler aux Compagnies à prime, et l'article 22 *in fine* prévoyait un décret prochain réglementant ces formes d'assurance. Ce fut le décret du 12 mai 1906 qui se rapprochait d'ailleurs sensiblement dans ses dispositions essentielles de la loi de 1867 et du décret de 1868 sur les Sociétés anonymes. Nous aurons aussi l'occasion de parler des décrets des 20 janvier et 22 juin 1906 qui contiennent quelques dispositions importantes en cette matière.

L'article 1ᵉ du décret du 12 Mai 1906 détermine la forme de l'acte de Société : acte authentique ou sous seings privés, en double original seulement quelque soit le nombre des signataires.

Les statuts doivent contenir certaines énonciations

spéciales : durée, siège et dénomination de la société ; nombre des adhérents. Ils doivent en outre préciser le mode et les conditions générales suivant lesquelles sont contractés les engagements entre la société et les adhérents (art. 23), déterminer les pouvoirs du Conseil d'Administration, le mode de réunion des Assemblées. Nous avons vu que les statuts déterminaient aussi le montant des fonds de premier établissement, et que la loi de 1905 (art. 4) obligeait les sociétés mutuelles ou tontinières à prévoir, dans leurs statuts le mode de réglement et l'emploi des sommes perçues, ainsi que la quotité des prélèvements destinés à faire face aux frais de gestion de l'entreprise.

On doit noter que les projets de statuts devaient être inscrits sur toute liste d'adhésion ; nous retrouvons ici la même mesure que celle prescrite par le décret de 1868 pour les Mutuelles d'assurance autre que l'assurance-vie. Même remarque pour la déclaration devant notaire imposée aux fondateurs, et la réunion de l'Assemblée constitutive.

Pour le fonctionnement intérieur de ces sociétés, trois organes sont prévus : 1° un Conseil d'Administration, composé de 5 membres ; 2° des commissaires de surveillance dont le rôle est très analogue à celui des contrôleurs prévus par la loi de 1868, article 32 et suivants ; 3° les assemblées.

Le décret prévoit 3 sortes d'assemblées : les assemblées constitutives, les assemblées générales ordinaires, et les assemblées générales extraordinaires. Ces assemblées se composent des adhérents qui ont souscrit des contrats d'une certaine valeur déterminée par les statuts.

On sait que les Sociétés Mutuelles ou Tontinières sont souvent gérées par des entreprises spéciales dénommées entreprises de gestion, qui prélèvent évidemment un bénéfice parfois très élevé sur les opérations de la Société. Ce bénéfice a, on le conçoit, une répercussion sur la cotisation versée par chaque sociétaire. Aussi l'article 11 du décret que nous étudions a-t il soin de stipuler que les sociétés ne peuvent traiter avec une entreprise de gestion que si les statuts l'ont explicitement prévu. De plus les traités de gestion doivent être soumis à l'approbation préalable de l'assemblée générale, et tous les documents destinés au public doivent porter, immédiatement après la dénomination de la Société, celle de l'entreprise chargée de la gestion (1).

Des mesures de publicité sont prévues lors de la constitution de la Société : dépôt au Greffe du Tribunal civil du siège social d'une expédition de la déclaration des fondateurs, insertion dans l'un des journaux locaux de l'acte constitutif de la Société. Toute personne a le droit de prendre communication du dépôt fait au Greffe.

Enfin toute modification des statuts, toute modification ou dissolution anticipée de la Société doit être soumise aux mesures de publicité que nous venons d'énumérer.

---

(1) Le décret du 8 Mars 1922 relatif aux Sociétés d'Assurance autres que celles sur la vie, va plus loin et interdit d'attribuer à forfait la gestion d'une société mutuelle à une entreprise distincte.

Nous n'avons pas trop insisté sur ces dispositions générales qui, sur beaucoup de points, se rapprochent des dispositions relatives aux autres sociétés d'assurance, et il sera toujours facile de se reporter, pour les détails, au texte même du décret. Nous allons maintenant essayer de préciser quelques points qui distinguent plus spécialement l'organisation des Mutuelles et celle des Tontines.

Mutuelles

Pour qu'une Société Mutuelle puisse se constituer valablement les fondateurs doivent réunir un nombre minimum de 500 contrats sur des têtes distinctes pour un maximum de 500.000 fr. de capitaux assurés ou de 50.000 francs de rentes viagères (art. 24). M. Lefebvre explique ainsi la raison de ces prescriptions : « Elles « dérivent de la nature même de l'assurance qui est « basée sur la loi des grands nombres. Pour se diffé- « rencier du simple joueur, l'assureur doit grouper un « certain nombre de risques, répartir entre un certain « nombre de personnes les sinistres subis par quelques- « uns. Il n'y a pas de maximum, mais il y a un mini- « mum qu'il est nécessaire de réunir et en deça duquel « l'opération n'aurait plus le caractère de l'assurance « et ressemblerait au pari. D'où pour une société « sérieuse l'obligation de grouper un certain nombre « d'adhérents et de faire souscrire avant de fonctionner « un nombre déterminé de contrats, de façon à ne « jamais spéculer et de pouvoir tenir à tout instant les « engagements consentis (1). »

(1) Lefebvre. Régime des Sociétés d'assurance-vie page 160.

Les statuts des Mutuelles doivent, en outre, contenir quelques dispositions spéciales. D'abord le maximum du chargement à ajouter aux primes doit y être fixé afin de garantir les sociétaires contre les abus d'administrateurs peu scrupuleux. De plus, doit être spécifié le mode de répartition des excédents réalisés au cours de chaque exercice (art. 27-2°). Enfin les statuts doivent indiquer le moyen de faire face aux engagements de la Société en cas d'insuffisance d'actif : réduira-t-elle l'indemnité dûe au sinistré ou demandera-t-elle un supplément de cotisation ?

Tontines

La tontine, dit Chaufton, est une combinaison spéciale d'assurance. La loi de 1905 s'appliquait dans ses dispositions générales : enregistrement, fonds de premier établissement, contrôle et surveillance, à toutes les opérations d'assurance dans lesquelles intervient la durée de la vie humaine. La tontine y était donc comprise. Mais le législateur a estimé qu'elle méritait, en raison de son caractère particulièrement aléatoire, un régime spécial. Ce fut l'œuvre des décrets postérieurs, notamment ceux des 12 mai et 22 juin 1906.

Pour se former, la tontine doit se composer d'au moins cent membres et constituer un fonds de premier établissement qui, nous l'avons déjà vu, ne peut être inférieur à 50.000 francs.

Les associations tontinières en cas de survie ne peuvent durer plus de 25 ans. Ceci pour éviter que la répartition finale ne se fasse entre un nombre trop restreint de survivants.

La liquidation de l'association suit immédiatement son expiration, pour les tontines en cas de survie. Pour les tontines en cas de décès, l'avoir est partagé annuellement entre les héritiers des sociétaires décédés pendant l'année.

L'article 5 de la loi de 1905 spécifiait que la réserve de garantie n'était pas obligatoire pour les associations à forme tontinière, et les réserves mathématiques n'étaient imposées, dit le texte, qu'aux entreprises qui contractent des engagements déterminés. Or, ce n'est pas le cas pour les tontines dans lesquelles l'assuré ou son ayant droit perçoit plus ou moins, selon les chances de décès ou de survie. Mais d'autres mesures de garantie furent envisagées.

En somme, dans la tontine, l'ensemble des cotisations versées constitue la créance de l'assuré sur l'association; c'est ce capital que les assurés se partagent à la fin du contrat. C'était donc surtout là-dessus que le législateur devait faire peser son contrôle. Aussi l'article 6, in fine, décide-t-il : « Les Sociétés à forme tontinière sont tenues de faire, dans les conditions fixées par le décret prévu à l'article 9, parag. 7, emploi immédiat de toutes les cotisations, déduction faite des frais de gestion statutaires ». Ces conditions furent déterminées par les décrets des 9 juin et 22 juin 1906.

D'après l'article 4 du décret du 22 juin, les fonds de chaque association doivent être gérés séparément et ne peuvent se confondre, à aucun égard, avec ceux des autres associations. Donc : indépendance absolue de chaque association, au sein d'une même société tontinière. L'article 5 prescrit que les fonds des associations doivent être placés, au plus tard dans le délai d'un mois à dater du recouvrement. La date de l'achat et le prix des valeurs seront justifiés au moyen du bordereau de l'agent de change, qui devra mentionner, d'autre part, les associations au profit desquelles les valeurs auront été acquises. Ces fonds doivent être déposés à la Caisse des dépôts et consignations ou à la Banque de France au nom de l'entreprise.

D'après l'article 4 du décret du 9 juin 1906, ne peuvent faire partie de l'actif des tontines que les valeurs émises par l'Etat français ou pourvues par lui d'une garantie portant sur le capital ou sur le revenu, des obligations libérées et négociables des départements, des communes et des Chambres de Commerce de France et d'Algérie, des obligations foncières et communales du Crédit Foncier de France.

Ces valeurs, une fois déposées ne peuvent être employées que sur visa du Ministre.

Le Décret du 27 Juillet 1922

Le régime des Sociétés d'assurance sur la vie à forme mutuelle et Tontinière vient d'être modifié par un décret du 27 juillet 1922. Cette modification a pour but de mettre le décret du 12 mai 1906 en concordance avec les dispositions nouvelles contenues dans le décret du 8 mars 1922 sur la constitution des sociétés d'assurance et que nous commentons plus bas.

Si les dispositions générales du décret de 1906 restent les mêmes dans leur ensemble, le législateur a cependant introduit sur divers points particuliers, d'impo tantes innovations. Deux, surtout, méritent de retenir l'attention.

L'ancien article 11 stipulait que le Conseil d'administration de la Société pouvait déléguer ses fonctions à un directeur pris hors de son sein.

Mais le mode de rémunération de ce Directeur n'était pas prévu. En pratique, la rémunération était calculée d'après le chiffre d'affaires de la Société. Ceci n'était pas sans présenter certains dangers. Aussi, par une mesure analogue à celle prescrite à l'article 5 du décret du 8 mars et pour des raisons identiques à celles que nous exposons d'autre part, le décret du 27 juillet décida que la rémunération du directeur consisterait en une allocation fixe dont le montant serait prélevé sur la part de la cotisation prévue pour frais de gestion. Cependant, pour laisser au Directeur un intérêt direct à la bonne gestion de la Société, ce nouvel article a soin de prévoir qu'il pourra lui être accordé, soit par voie statutaire, soit par un vote de l'assemblée générale, une allocation variable, mais qui ne sera calculée ni sur le montant des sommes assurées, ni sur le montant des cotisations (art. 12).

Une autre disposition intéressante est celle contenue dans l'article 25 du nouveau décret. Le paragraphe 1er reproduit le texte de l'ancien article 26, relatif aux Sociétés à forme Mutuelle ainsi conçu : « Indépendamment des fonds de 1er établissement les statuts peuvent prévoir la constitution d'un fonds temporaire de garantie qui ne peut dépasser 1.500.000 francs et qui doit être intégralement amorti lorsque la réserve de garantie atteint ce chiffre. La portion amortie doit être chaque année au moins égale au chiffre atteint par la réserve de garantie lors de l'inventaire de l'exercice précédent ». Le nouvel article 25 étend dans son paragraphe 2, aux Mutuelles-vie l'innovation de l'article 25 du décret du 8 mars, qui accorde aux Mutuelles le droit de contracter des emprunts ou d'émettre des obligations. Consacrant la jurisprudence, ces emprunts ne sont autorisés que pour la constitution des fonds de 1er établissement ou de garantie, ou pour les cautionnements auxquels sont astreintes les Sociétés en France ou à l'étranger. Le caractère de la Mutuelle serait, en effet, altéré si elle prétendait faire face au paiement des sinistres au moyen d'emprunts.

Pour éviter les abus auxquels pouvait donner lieu une émission d'obligations, qui ne serait pas en rapport avec les ressources de la Société, le paragraphe 3 décide que toute émission donnera lieu au prélèvement obligatoire sur la part de la cotisation réservée aux frais de gestion d'une somme constante destinée à faire face au paiement des intérêts. Par une disposition remarquable cette réserve devra être consacrée aussi à l'amortissement des obligations émises (1).

Enfin le paragraphe 4 du nouvel article 25, spécifie que tout prospectus, annonces ou documents quelconques relatifs à l'émission d'obligations, devront indiquer le privilège institué au profit des assurés par l'article 7 de la loi du 17 mars 1905 ; la mention doit figurer aussi

(1) Un décret du 27 juillet 1922 a étendu cette disposition à toutes les Sociétés Mutuelles et modifié en ce sens l'art. 25, dernier paragraphe, du décret du 8 mars.

en caractères apparents sur le titre remis à chaque obligataire.

Les autres modifications du décret du 27 juillet 1922 sont moins importantes.

Par une disposition analogue à celle déjà introduite dans la législation par le décret du 8 mars 1922, les adhérents qui ne remplissent pas individuellement les conditions prévues par les statuts pour prendre part à l'Assemblée Générale, peuvent se réunir pour former le minimum de valeurs assurées ou de cotisations nécessaires et se faire représenter par l'un d'eux aux Assemblées. Dans aucun cas, cependant, un même mandataire ne peut disposer de plus de cinq voix. C'est là une innovation heureuse en ce qu'elle permet aux petits sociétaires d'être représentés dans les Assemblées et de ne pas laisser quelques gros adhérents seuls maîtres de l'administration de la Société.

Enfin, les statuts doivent désormais indiquer la circonscription territoriale des opérations de la Société, et il ne peut y être stipulé aucun avantage particulier au profit des fondateurs.

B. Entreprises de Gestion

La loi de 1905 dans son article 9, paragraphe 9, détermine les grandes lignes du fonctionnement des entreprises de gestion. Que sont au juste les entreprises de gestion ? M. Thaller les définit : « des individus ou des Sociétés qui prennent en charge la direction d'une entreprise d'assurances avec une autonomie et un mode de rémunération qui cessent de faire d'eux des préposés ou des directeurs ordinaires ».

Ces entreprises fonctionnent, d'après l'article 1 du décret du 22 juin 1906, sous la responsabilité de la Société d'assurance dont elles dépendent. C'est l'entreprise principale qui place les fonds et qui seule est soumise à l'enregistrement.

L'article 9 de la loi de 1905 édicte quelques règles générales. Elle impose aux entreprises de gestion le dépôt à la Caisse des dépôts et consignations d'un capital de garantie de 100.000 francs. Ce capital n'est restitué à la fin de la gestion que sur justification au Ministre de l'exécution de tous les engagements pris (art. 6 du décret du 22 juin 1906).

Ces entreprises ne peuvent valablement se faire attribuer la gestion pour une période initiale de plus de 20 ans, à l'expiration de laquelle leur mandat ne pourra être renouvelé pour des périodes de plus de 10 ans. Aucun renouvellement ne pourra être effectué avant l'expiration de la période en cours.

Le décret du 22 juin 1906 a apporté quelques prescriptions nouvelles. Le traité de gestion, notamment, doit spécifier l'objet, le titre et le siège social de l'entreprise gérante et de l'entreprise gérée — la date d'origine de la gestion et la durée de sa période initiale — les conditions de remise de la gestion. D'après l'article 1er, une fois le traité conclu, l'entreprise gérante doit produire au Ministre compétent : l'acte de société constitutif de son existence, le texte intégral de ses statuts, le traité intervenu entre l'entreprise gérée et l'entreprise gérante, le récépissé du dépôt à la Caisse des dépôts et consignations du capital de garantie imposé à l'entreprise gérante.

Une production analogue doit avoir lieu à chaque renouvellement du traité.

Des conditions sont fixées à la rémunération des entreprises de gestion pour prévenir toute exagération. L'article 4 du décret précité fait une distinction selon que la Société gérée est une Société d'assurances à primes ou une tontine. Pour les premières, la rémunération ne peut excéder le montant des chargements résultant des statuts ou des tarifs de l'entreprise gérée, sous déduction toutefois de la portion des dits chargements qui pourrait être nécessaire à la constitution de la réserve de garantie. Pour les associations tontinières, la rémunération ne peut excéder le montant des droits et des prélèvements pour frais de gestion fixés par les statuts de l'entreprise gérée.

C. Entreprises Etrangères

Le régime des Sociétés étrangères d'assurance devait aussi appeler l'attention du législateur de 1905. Jusqu'alors, ces entreprises étaient soumises à la loi du 30 mai 1857 dont l'article 30 avait permis « aux Sociétés anonymes et autres associations commerciales, industrielles ou financières qui étaient soumises à l'autorisation belge et qui l'avaient obtenue, d'exercer tous leurs droits en France ». La portée de cette loi s'était vite étendue et en fait les sociétés étrangères pouvaient fonctionner librement, sans autorisation spéciale, pourvu que leur pays ait bénéficié d'un décret global d'autorisation de la part de la France.

La loi de 1905 vint mettre fin à ce régime par trop

libéral. Les entreprises françaises et étrangères furent soumises aux mêmes obligations générales. Nous avons même vu que la portion d'actif afférente aux contrats souscrits en France et en Algérie et correspondant aux réserves et aux bénéfices revenant aux assurés, devait être déposée par les Compagnies étrangères à la Caisse des dépôts et consignations. Une mesure aussi stricte n'était point imposée aux Compagnies françaises.

Mais la loi ne se bornait pas à cette garantie spéciale. Elle exigeait encore, par l'article 12, que les entreprises étrangères aient en France ou en Algérie un siège social, et une comptabilité spéciale pour tous les contrats souscrits ou exécutés en France ou en Algérie, et qu'elles accréditent auprès du Ministre compétent, un agent préposé à la direction de toutes leurs opérations.

Enfin, toute entreprise est tenue de produire au Ministre, dans le délai qu'il détermine, la traduction en langue française, certifiée conforme, des documents en langue étrangère, se rapportant à ces opérations et pour lesquels cette traduction est requise. Les conditions générales et particulières des polices, les avenants et autres documents se rapportant à l'exécution des contrats doivent être rédigés en langue française. Dans ce dernier cas, le texte français fait seul foi à l'égard des assurés.

Par toutes ces mesures, le législateur a resserré son contrôle sur les entreprises étrangères. C'était là une réforme nécessaire ; car, comme le dit M. Chastenet, au cours de la discussion sur la loi de 1905 : « Si certaines garanties sont exigées des Compagnies françaises, dans l'intérêt des assurés, des garanties au moins égales doivent être réclamées aux Compagnies étrangères qui ont leur siège au dehors, qui drainent nos capitaux et qui, en cas de sinistre, pourraient rendre le recours des assurés plus difficile (1) ».

Nous avons ainsi exposé, dans ses lignes essentielles, la législation française des Sociétés d'assurance sur la vie.

La loi de 1905 constituait un immense progrès sur le régime antérieur. On peut prétendre sans doute qu'elle n'est pas parfaite, lui reprocher d'être touffue et complexe. Mais il semble qu'elle ait atteint le but visé par ses promoteurs : établir sur les opérations d'assurance un contrôle sérieux, tout en respectant l'initiative privée et en évitant de s'immiscer inutilement dans la constitution et dans la gestion des Sociétés. M. Chastenet, dans un rapport sur le projet de loi, s'exprimait ainsi à la Chambre des Députés : « Votre commission a du d'abord se préoccuper de délimiter l'objet et l'étendue de ses travaux. Sa tâche ne pouvait comprendre l'élaboration immédiate du Code général de l'assurance et des opérations analogues et connexes : une pareille œuvre aurait absorbé un temps considérable, et il importait d'aller au plus pressé, c'est à dire de donner tout d'abord la sécurité aux opérations viagères par l'organisation d'une surveillance et d'un contrôle effectifs ».

Mentionnons avant de terminer que le Ministre compétent doit, aux termes de la loi, présenter chaque an-

(1) Journal Officiel-Chambre 1904 p. 1599. Il est à remarquer que la loi vise surtout, ici, à protéger l'assuré, mais non les Compagnies françaises contre les Compagnies étrangères, ce qui a le précieux avantage de maintenir le stimulant de la concurrence.

née au Président de la République et faire publier au Journal Officiel un rapport d'ensemble sur le fonctionnement de cette loi et sur la situation de toutes les entreprises qu'elle régit.

Dans le projet élaboré par la Commission d'assurance et de prévoyance sociale et qui servit de base à la loi de 1905, un article était consacré à l'assurance des enfants âgés de moins de 12 ans. Sur la demande du gouvernement, ce texte fut disjoint et devint la loi du 8 décembre 1904, dont l'article 1 considère comme contraire à l'ordre public, toute assurance du décès reposant sur la tête d'enfants de moins de 12 ans. On comprend aisément les raisons de cette interdiction.

— A noter enfin que la loi du 26 mai 1921 sur les entreprises de nuptialité et de natalité a assujetti à l'enregistrement préalable ainsi qu'à la surveillance et au contrôle du Ministre du Travail dans les termes de la loi du 17 mars 1905, les entreprises françaises et étrangères de toute nature qui s'engagent à verser un capital en cas de mariage ou de naissance d'enfants. Un décret du 22 juin 1921 a déterminé les différentes tables de natalité, le taux d'intérêt et les chargements d'après lesquels doivent être calculées, au minimum, les primes ou cotisations des opérations de ces mêmes Sociétés, ainsi que les réserves mathématiques.

CHAPITRE VI

LE DÉCRET DU 8 MARS 1922

Le décret de 1868, s'il constituait un grand progrès sur la législation antérieure, présentait encore bien des lacunes. Il ne tarda pas à devenir insuffisant devant le grand développement et l'extrême complexité que prit l'assurance dès les dernières années du XIXe siècle. Un contrôle plus sévère était réclamé. M. René Devinck écrivait, dans un de nos principaux journaux techniques d'assurance (1) : « Quels résultats pouvons-nous espérer d'assureurs louches, qui fondent » des sociétés mort-nées et le savent par avance, dont » le seul but est de détourner des sommes souvent » considérables. Est-il de l'intérêt de notre corpora- » tion de laisser subsister les sociétés de cette caté- » gorie et de les laisser germer aussi aisément que » les champignons dans les bois ? Une loi de contrôle » est le seul remède pour enrayer le mal... » Après la guerre, l'urgence d'un remaniement s'imposa avec plus de force. Le régime de 1868 ne correspondait plus du

(1) La prime, 1er février 1910.

tout aux nécessités actuelles et un certain nombre de réformes étaient devenues nécessaires.

Un projet fut alors mis à l'étude par une commission instituée au Ministère du Travail, par arrêtés ministériels des 27 mai, 29 juillet et 22 octobre 1920, et composée à peu près exclusivement de spécialistes. Des travaux de cette commission sortit le décret du 8 mars 1922. Le rapport du Ministre du Travail, présentant le nouveau décret au Président de la République, faisait ressortir l'origine et la portée de la réforme:

« Le règlement d'administration publique du 22 jan- » vier 1868, sur la constitution des Sociétés d'Assu- » rances, pris en exécution de l'article 66 de la loi du » 24 juillet 1867 sur les Sociétés, n'était plus en har- » monie avec les conditions actuelles de l'assurance; » depuis cinquante-quatre ans, il n'avait subi aucune » modification, aucune retouche, sauf en un point » particulier, celui du placement des fonds des Com- » pagnies. Il m'a paru indispensable de procéder à » son adaptation aux nécessités actuelles... »

Le nouveau décret s'efforce de concilier les intérêts des assureurs et des assurés, et, sans entraver le libre développement des Sociétés d'Assurances, de mettre fin aux abus que leur fonctionnement avait révélé. Il modifie le décret de 1868 sur un certain nombre de points importants et renforce la solvabilité et le crédit des Compagnies et des Mutuelles en permettant à l'Etat d'exercer sur leurs opérations un contrôle plus efficace. « La plupart des dispositions nouvelles, dit » encore le rapport, sont d'ailleurs déjà adoptées en

» fait par les Sociétés d'Assurance les plus sérieuses; » c'est donc, en réalité, une œuvre de codification de » la pratique actuelle que le projet réalise. Il a cherché » aussi à permettre au public de contrôler utilement » les garanties qui lui sont offertes, en introduisant » dans la réglementation une série de dispositions » ayant pour objet d'obtenir la clarté et la sincérité » des bilans et de porter les comptes des sociétés à la » connaissance des assurés, dans une forme accessi- » ble à tous. »

Nous allons examiner les principales réformes qu'apporte le nouveau décret au régime de 1868. Le décret du 8 mars constitue la charte commune des sociétés françaises d'assurance, à la seule exception des sociétés d'assurance sur la vie, qui restent soumises à la loi de 1905. Pour les Sociétés d'Assurance contre les accidents de travail, il convient de le combiner avec les dispositions du règlement d'administration publique du 28 février 1899, pris en exécution de l'article 27 de la loi du 9 avril 1898. Il s'applique aussi aux assurances maritimes, sauf sur les points que le législateur a réglé d'une manière spéciale au Livre II du Code de Commerce (art. 332 et suivants).

Au point de vue de la forme, le nouveau texte conserve le cadre du décret de 1868, mais en l'élargissant. Il comprend quatre titres : le premier est relatif aux Sociétés Mutuelles ; le deuxième aux Sociétés à prime fixe ; le titre III contient des obligations communes aux deux natures de société ; enfin, le titre IV renferme des dispositions transitoires. Le titre I, sur les Mutuelles, comprend sept sections ; le texte primitif en comportait une huitième concernant les syndicats de garantie ; mais elle fut supprimée. Le rapport donne les raisons de cette suppression : « Le Conseil » d'Etat a estimé que ce mode particulier d'organis- » mes d'assurance, s'il était admissible en matière » d'assurance contre les accidents de travail, ne sau- » rait être étendu, à raison de la responsabilité illi- » mitée et solidaire qu'il entraîne, aux assurances » contre les risques autres que les risques profession- » nels... »

TITRE PREMIER

Les Sociétés d'Assurance Mutuelles

Les dispositions relatives à la constitution et à l'objet des sociétés d'assurance mutuelle ne modifient que sur certains points celles du décret de 1868.

Le minimum du nombre d'adhérents est fixé à 300, et le minimum de valeurs assurées à 5 millions de francs, minimum au dessous duquel la Société ne peut être valablement constituée. Le décret de 1868 laissait aux statuts le soin de fixer ce minimum.

De plus, l'article 2 dispose qu'en matière d'assurances mutuelles il ne peut être stipulé aucun avantage particulier au profit des fondateurs, faisant ainsi disparaître, dit le rapport du Ministre du Travail, les abus résultant de la création de parts de fondateur dans les Mutuelles, la notion de mutualité paraissant bien incompatible avec de pareils titres.

La Section II du Titre I, consacrée à l'administration des Sociétés, innove sur divers points. Le directeur ne peut plus être nommé par l'assemblée générale; il ne peut plus qu'être lié par un contrat de louage de services passé avec le Conseil d'Administration. De nouvelles dispositions sont prises en ce qui concerne la base de rémunération de ce Directeur. L'article 5 élimine les modes de rémunération calculée sur le chiffre d'affaires de la Société ; ce procédé présentait, en effet, des dangers, le directeur étant intéressé à voir grossir le chiffre d'affaires sans se préoccuper des résultats définitifs de la production.

La rémunération du directeur doit désormais consister en une allocation fixe, prélevée sur la part de la cotisation prévue pour frais de gestion. Cependant, pour donner plus de souplesse au régime nouveau, une allocation variable peut être accordée au Directeur, soit par voie statutaire, soit par un vote de l'assemblée générale.

Le même article met fin à un grave abus en interdisant d'attribuer à forfait la gestion d'une Société soit à un directeur, soit à une entreprise distincte. On en était arrivé à transformer complètement le caractère des Mutuelles, qui étaient constituées dans le seul but de réserver à la gestion forfaitaire des avantages excessifs. Pour ne pas porter atteinte aux droits acquis, une période transitoire de cinq ans est prévue,

Pour la composition des assemblées générales, un régime plus large est inauguré par l'article 7, qui prévoit, outre les modalités du décret de 1868, la possibilité d'admettre les sociétaires ayant le maximum de cotisations prévu par les statuts ou l'organisation de certains groupements professionnels ou régionaux.

Le quorum nécessaire à la validité des délibérations des assemblées extraordinaires a été élevé ; celles-ci ne pourront délibérer valablement qu'autant qu'elles seront composées des trois-quarts au moins des sociétaires ayant le droit d'y assister, et les résolutions, pour être valables, devront réunir les deux-tiers au moins des voix des sociétaires présents ou représentés. Cette modification se justifie par ce fait que l'article 8, comme nous le verrons, a étendu considérablement les pouvoirs de ces assemblées.

Alors que le décret de 1868 s'était borné, dans son article 23, à établir le principe de la présentation d'un inventaire et d'un compte de recettes et dépenses, le nouveau décret (art. 14), précise les éléments principaux de ce compte, de façon à lui donner une plus grande clarté et à faire ressortir plus nettement les recettes et les dépenses et la situation active et passive de la Société. Des articles distincts doivent être consacrés à certains éléments particulièrement importants du compte des profits et pertes, tels que la réserve pour risques en cours et les provisions pour sinistres restant à régler. De plus, les valeurs mobilières et immobilières figurant à l'actif doivent être évaluées d'une façon sincère et précise, selon les prescriptions nouvelles.

Enfin, l'article 15 organise la publication des comptes détaillés des sociétés, jusqu'ici inexistante. Il est évident que c'est là un excellent élément de contrôle, d'autant plus que tout sociétaire peut prendre, lui-même ou par fondé de pouvoir, connaissance du bilan au siège social.

En ce qui concerne la formation de l'engagement social, une modification importante est introduite par l'article 18. Aux termes de l'article 26 de l'ancien décret, toute modification des statuts relative à la nature des risques garantis et au périmètre de la circonscription territoriale donnait, de plein droit, à chaque sociétaire, la faculté de résilier son engagement. C'était là une réglementation étroite qui ne permettait pas aux Mutuelles de s'adapter aux nécessités actuelles. Désormais, toute modification des statuts sur ces points doit faire simplement, sans donner droit à résiliation, l'objet de la réunion d'une assemblée générale dont les pouvoirs sont ainsi considérablement accrus.

Le décret du 8 mars met fin à un abus auquel donnait lieu l'escompte des commissions. Beaucoup de Compagnies ont l'habitude de faire à leurs agents ou courtiers l'avance des commissions sur des contrats dont les primes ne seront perçues qu'ultérieurement. Certaines sociétés pratiquaient cet escompte de la façon la plus imprudente et arrivaient, de ce chef, à des sommes importantes qu'il leur était impossible d'amortir. Elles portaient ces sommes à l'actif de leur compte et le bilan s'en trouvait entièrement faussé. Désormais, elles devront inscrire ces avances à l'actif de leur bilan dans un compte d'attente, sous la rubrique « Commissions escomptées » ; ce compte devra être amorti en cinq ans au plus, par fractions annuelles au moins égales au cinquième de son montant initial. D'autre part, il ne peut, en aucun cas, y être inscrit, pour chaque contrat souscrit ou renouvelé, une somme supérieure au montant de la cotisation afférente à la première année.

Le législateur a agi sagement en limitant une pratique dont l'abus aurait pu amener, chez certaines sociétés imprudentes, de graves difficultés financières.

Dans le même but d'éviter de surcharger l'actif d'éléments irréalisables, le législateur, dans l'article 25, a estimé que la quotité des dépenses de premier établissement devait être limitée dans les statuts, et que ces dépenses devaient faire l'objet, dans le compte, d'un poste distinct et d'un amortissement régulier et portant sur une période de quinze ans. Cependant, le développement de la Société peut exiger des dépenses supplémentaires : ces dépenses devront, elles aussi, être inscrites sous une rubrique spéciale et être amorties dans un délai maximum de quinze ans.

Ces deux ordres de dépenses sont ceux auxquels le capital social seul des Sociétés anonymes doit pourvoir. Or, les Mutuelles n'ont pas de capital social. Aussi, au cas d'insuffisance dans l'excédent de recettes, le législateur prévoit-il des ressources extraordinaires qui pourront être constituées, soit par une contribution spéciale des sociétaires, constatée par quittance spéciale, soit au moyen d'une émission d'actions. Cette dernière disposition est remarquable. « Nous ne » saurions trop insister sur l'importance de cette inno-

» vation, dit M. Ancey (1), un des membres de la Com-
» mission chargée de l'élaboration du projet. Jusqu'ici,
» en effet, le droit d'émettre des obligations avait été
» fortement contesté aux Sociétés d'assurances mutuel-
» les. Toutefois, la plus grande partie de la jurispru-
» dence s'était prononcée en faveur de la légitimité de
» ces émissions, mais, d'ailleurs, avec un correctif très
» important. Elle n'autorisait les émissions d'obliga-
» tion qu'à la condition expresse que ces ressources
» exceptionnelles ne soient pas affectées au paiement
» des sinistres, mais seulement aux frais d'organisa-
» tion et de gestion. C'est le droit, d'ailleurs, que con-
» sacre l'article 25 du décret en spécifiant que les
» sociétés d'Assurances Mutuelles ne peuvent contrac-
» ter des emprunts que pour constituer les fonds de
» premier établissement ou d'installation, ou encore les
» cautionnements qu'elles peuvent avoir à verser à la
» Caisse des Dépôts et Consignations ».

Mais comme une émission d'obligations, faite avec légèreté ou en disproportion avec les ressources de la Société, peut présenter certains dangers financiers, le législateur a prévu une réserve spéciale, constituée par un prélèvement obligatoire sur la part de la cotisation réservée aux frais de gestion et destinée à faire face :

---

(1) Voir « la Prime » n° du 15 mai 1922. M. Ancey cite quelques-uns des arrêts de jurisprudence admettant que les Mutuelles ne perdent pas leur caractère mutualiste en empruntant pour satisfaire aux besoins généraux de la Société.

— Cour de cassation 21 décembre 1903. Revue des Assurances Mutuelles 1901, p. 63. — Arrêt de la Cour d'appel de Paris, 5e chambre, 5 février 1901. Revue des Assurances Mutuellea 1901, p. 128. — Cour Paris, 9e chambre, 17 février 1912. Jurisprudence de la Bourse et de la Banque, 21 octobre 1912, p. 13.

1° aux intérêts restant à servir aux obligations déjà émises; 2° à l'amortissement de l'emprunt obligataire d'après ses échéances.

Deux autres réserves obligatoires sont prévues par l'article 26 : une réserve pour risques en cours calculée à raison de 33 °/° au minimum des cotisations, déduction faite des réassurances, et une réserve pour sinistres restant à régler à la fin de l'exercice. Mais comme la garantie apportée par ces réserves serait illusoire si elles constituaient un simple jeu d'écriture, le nouveau texte précise qu'il devra leur être affecté, dans l'inventaire, un poste spécial dont les éléments représenteront des valeurs réalisables.

On voit que le législateur s'est efforcé de renforcer le plus possible les disponibilités des Sociétés Mutuelles pour leur assurer la plus complète stabilité. A noter qu'il a maintenu les réserves complémentaires facultatives, instituées par le décret de 1868.

Il a paru aussi au législateur que le droit de résiliation de la police après sinistre que prévoyaient les statuts de beaucoup de sociétés, pouvait donner lieu à des abus préjudiciables à l'assuré. Désormais, la résiliation ne peut prendre effet qu'après un délai de un mois à dater de la notification de la résiliation du sociétaire. De plus, cette faculté de résiliation ne peut être stipulée que moyennant restitution par la Société de la partie de la cotisation afférente à la période pour laquelle elle ne garantit plus les risques.

Enfin, le sociétaire a le droit de faire résilier son contrat, à défaut de dissolution prononcée par l'assemblée générale, si, à l'expiration de chaque période quinquennale, le total des indemnités versées par la Société n'a pas atteint 75 °/° du total des indemnités réglées à la suite de sinistres. Il y a là une nouvelle sécurité donnée à l'assuré, à qui il est désormais loisible de se retirer d'une société dont la situation financière devient trop précaire.

Le décret du 8 mars consacre la Section VI à une question tout à fait nouvelle : la réassurance. L'ancien décret, s'il réservait aux Mutuelles le droit de se faire réassurer à une autre Compagnie, ne prévoyait pas la possibilité, pour ces Sociétés, d'assurer ce genre de risque. Dans la pratique, on avait passé outre, et le nouveau texte vint codifier cette pratique. Cependant, par mesure de prudence, les Mutuelles ne pourront accepter ou recevoir que des risques de même nature que ceux qui font l'objet de leurs garanties statutaires, sinon la réassurance eût fourni aux Sociétés un moyen commode de dépasser les limites prévues par leurs statuts.

Le législateur a même prévu, entre Sociétés pratiquant les assurances de même nature, l'établissement d'Unions de Mutuelles, ayant pour objet la réassurance des risques déjà assurés par elles. Ces Unions ont la capacité civile, comme les Mutuelles, et doivent être constituées dans les mêmes formes que ces dernières.

TITRE II

Des Sociétés anonymes et des Sociétés en commandite par actions d'assurances à prime fixe

Nous en arrivons au Titre II du nouveau décret qui règlemente la constitution et le fonctionnement des Sociétés d'assurance à primes fixes, anonymes ou en commandite par actions. L'assimilation avec le régime des Mutuelles est très étroite, et le législateur s'est placé au même point de vue des intérêts des assurés. Des modifications importantes sont apportées au décret de 1868.

Les Compagnies doivent avoir un capital social minimum d'un million de francs. Aux termes de l'article premier de la loi du 24 juillet 1867, modifiée par la loi du 1er août 1893, une Société n'étant régulièrement constituée que si le quart au moins du capital social est effectivement versé, le capital social sera, avec le nouveau décret, de 250.000 francs au minimum. Le décret de 1868 fixait ce minimum à 50.000 francs. Une garantie plus sérieuse est donnée de ce fait aux assurés.

Toute police doit mentionner le montant du capital social, la portion de ce capital déjà versée, le maximum que la Société peut assurer sur un seul risque sans réassurance, et, dans le cas où un même capital couvrirait, aux termes des statuts, des risques de nature différente, le montant de ce capital et l'énumération de tous ces risques. Grâce à ces dispositions, l'assuré, lorsqu'il signe la police, se trouve à même de connaître toutes les garanties sur lesquelles il doit pouvoir compter.

En ce qui concerne l'établissement du bilan, l'évaluation de l'actif, les commissions escomptées, et les fonds de premier établissement, l'amortissement des réserves et la faculté de résiliation après sinistre, les Compagnies à prime fixe sont soumises aux mêmes règles que les Mutuelles. La tendance à l'unification du législateur apparaît ici très nettement.

TITRE III

Dispositions communes aux Sociétés d'Assurance à primes fixes et aux Sociétés d'Assurance Mutuelles

---

Le Titre III du nouveau décret, particulièrement important, comprend les dispositions communes aux Sociétés d'assurance à primes fixes et aux Mutuelles.

L'article 55 décide qu'aucune Société d'assurance ne peut être constituée qu'en prévoyant, dans ses statuts, la faculté, pour ses sociétaires ou assurés, de se retirer tous les dix ans. La faculté de dénonciation du contrat était jusqu'alors quinquennale pour les Mutuelles. Les intéressés doivent prévenir la Société, au cours de leur période d'engagement, au moins six mois avant la fin du dernier exercice social. Ce droit est d'ailleurs réciproque au profit de la Société. Toujours dans l'intérêt de l'assuré, les formes de la dénonciation sont simplifiées. Elle peut notamment être faite par simple lettre recommandée.

La durée du contrat doit être mentionnée en caractères très apparents dans la police, et les statuts et les polices doivent également stipuler que la durée de la tacite reconduction ne peut, en aucun cas, être supérieure à une année. On se rend compte que le législateur a multiplié les dispositions tendant à mettre l'assuré en possession des divers éléments d'appréciation relativement à ses obligations et à celles des Sociétés.

Par une heureuse innovation, l'article 56 du nouveau décret décide que plusieurs risques différents, notamment par leur nature ou leur taux, peuvent être assurés par une police unique, et que plusieurs assureurs peuvent également s'engager par une police unique. Ceci ne peut que donner d'excellents résultats, dit M. Ancey, « 1° en permettant à des groupes d'assureurs opérant » de concert d'absorber plus facilement des risques » malaisément accessibles à un seul; 2° en facilitant la » conclusion plus rapide et plus économique des affai» res et en simplifiant considérablement le travail de » bureau ».

Jusqu'alors, la pratique de la coassurance n'était guère autorisée qu'en assurance maritime, et était formellement interdite pour les assurances contre l'incendie. Par contre, les Sociétés anglaises employaient couramment ce procédé simple et commode ; et les Sociétés françaises se trouvaient, de ce fait, dans un regrettable état d'infériorité vis-à-vis de leurs rivales étrangères. Il faut donc louer le législateur d'avoir rétabli l'égalité.

Enfin l'article 57 réalise une autre réforme heureuse en donnant aux Sociétés Mutuelles ou à primes, la liberté du placement du quart de leurs fonds, sous la seule condition que la liste de ces placements soit établie chaque année par l'assemblée générale, sur la proposition du Conseil d'Administration, et que ceux-ci fassent l'objet d'un poste spécial dans le bilan. Pour les trois-quarts restant, les dispositions du décret de 1868 sont, à peu de choses près, maintenues. Jusqu'alors, les Sociétés n'avaient joui, dans le placement de leurs fonds, que d'une médiocre latitude. Ça n'était pas sans avoir de gros inconvénients. Cette réglementation trop étroite aboutissait notamment à interdire aux Compagnies d'Assurance de prendre quelque intérêt que ce soit dans une société filiale. « Or on sait, dit la Prime concurrence le système des filiales constitue pour cer- du 1er janvier 1922, quel puissant moyen d'action et de taines entreprises étrangères, sans parler des sociétés allemandes qui en ont abusé ». Ici encore, il importait de rétablir l'équilibre au profit des sociétés françaises; c'est ce qu'a réalisé l'article 57 en donnant à ces sociétés plus de souplesse dans l'emploi de leurs fonds.

Telles sont les dispositions essentielles du décret du 8 mars 1922. Ce décret est venu remanier heureusement le texte de 1868 qui n'était plus en harmonie avec les nécessités actuelles. Comme on a pu s'en rendre compte, le législateur, s'est placé essentiellement au point de vue de l'assuré, au profit duquel il a exigé un minimum de garanties financières et contractuelles et établi ce que l'on peut considérer comme la meilleure des garanties: la possibilité de se rendre compte par lui-même du maintien des sûretés qui lui ont été promises, par la clarté et la sincérité des bilans.

DEUXIÈME PARTIE

La Question du Monopole des Assurances

Nous avons ainsi exposé dans ses lignes essentielles, la législation en vigueur en France en matière d'assurance. Nous avons laissé de côté la question des assurances sociales pour nous borner aux assurances privées. Les assurances sociales sont à l'heure actuelle assez peu développées en France. Elles ne présentent pas au surplus les caractères d'une véritable assurance, mais tiennent plutôt de l'assistance et se trouvent, en raison de ces particularités, en dehors du cadre de notre étude.

La législation des assurances privées est touffue et complexe. Elle comprend en somme deux textes fondamentaux : la loi de 1905 pour les assurances sur la vie; le décret du 8 mars 1922, applicable à toutes les autres branches, sous réserve des dispositions particulières relatives à l'assurance maritime et à l'assurance contre les risques professionnels.

Bien des imperfections subsistent encore dans cette

législation, malgré les améliorations successives, et de nombreuses lacunes demandent à être comblées.

Cependant, malgré ces imperfections, notre législation actuelle des assurances a réussi, ainsi que nous avons pu nous en rendre compte au cours de cette étude, à établir sur les Sociétés exploitantes un système sérieux de surveillance et de contrôle et à donner à l'assuré un minimum de garanties financières et contractuelles. Elle n'en a pas moins fait l'objet de critiques violentes. Car si personne ne songe à nier la nécessité et l'utilité d'un contrôle de l'Etat sur les assurances, certains estiment que ce contrôle ne constitue qu'une garantie insuffisante et que l'assurance, véritable service public, doit devenir un monopole public.

Les idées monopolisatrices se faisaient déjà jour au début du siècle dernier. Le premier projet de loi était déposé par Louis Blanc, en 1848 et n'excluait du monopole que les assurances maritimes. Mais ce fut surtout à partir de 1890 que le mouvement s'accentua : une quarantaine de projets étatistes se succédèrent dans une période de 20 ans ; les plus caractéristiques furent ceux de MM. Couderc et Carlier, qui n'aboutirent d'ailleurs qu'à des discussions de principe. La Commission chargée d'étudier ces deux propositions finit en effet, après un assez long examen, par adopter la formule suivante : « La Commission se prononce pour le principe du monopole des assurances par l'Etat sous réserve de l'étude des moyens de réalisation » ; et M. Buisson, dans son rapport déposé le 15 mars 1910, se contenta de définir les termes du problème, de discuter le côté théorique, sans apporter de solution pratique. Mais il avait le gran mérite de poser nettement la question : l'Etat doit-il faire du monopole des assurances une source de recettes budgétaires, résultat qu'il ne peut obtenir qu'en majorant les primes de mutualité pure — ou doit-il, au contraire, tendre uniquement à réaliser l'assurance obligatoire à bon marché ?

Mais la Chambre de 1910 n'était guère favorable aux monopoles et les projets furent abandonnés. La question vient d'être récemment remise à l'ordre du jour par la proposition de monopole des réassurances déposée par Mr Théo Bretin le 17 novembre 1916, et surtout par le projet de monopole général des assurances déposé par M. Jules Nadi, à la Chambre des Députés le 1er octobre, 1918. Ces deux propositions renvoyées devant la Commission de Prévoyance et d'Assurances sociales, ont fait l'objet d'un rapport nettement hostile au monopole, déposé le 6 février 1919, à la Tribune de la Chambre, par M. Lairolle.

La plupart des projets déposés depuis 1848 voient dans le monopole des assurances un moyen infaillible de combler les déficits budgétaires ou une source de revenus importants destinés à effectuer les réformes sociales nécessaires. C'est là un but proprement fiscal. Mais d'autres économistes, ou hommes politiques, envisagent la question à un point de vue tout différent. L'Etat monopoliserait les assurances à son profit, non dans le but de réaliser des bénéfices plus ou moins élevés, mais parce qu'une exploitation publique seule est capable d'assurer le bon fonctionnement et la sécurité de cette entreprise, et de permettre, grâce aux économies réalisées par la gestion désintéressée de l'Etat, d'abaisser suffisamment le taux des primes pour favoriser la diffusion de l'assurance dans les masses populaires encore réfractaires. D'ailleurs, ajoutent les étatistes, il s'agit simplement de transformer un monopole de fait en monopole de droit ; la réforme est donc légitime et désirable.

En somme, les buts visés par les partisans du monopole se ramènent à deux principaux : un but d'intérêt général, un but financier. Nous allons reprendre successivement ces deux points de vue, et examiner les arguments que les étatistes invoquent à l'appui de la réforme qu'ils préconisent.

CHAPITRE I

LE MONOPOLE AU POINT DE VUE DE L'INTÉRÊT GÉNÉRAL

1. — L'assurance privée, disent les étatistes, a été jusqu'ici impuissante à donner à l'assuré une sécurité suffisante et elle demeure encore une entreprise dangereusement instable. Ils en voient la preuve dans l'histoire même de l'assurance au cours du siècle dernier. M. Couteaux cite comme un aveu ingénu des adversaires du monopole cette phrase de M. Ajam dans sa brochure *Contre l'Étatisme* : « Depuis 1818, 153 Sociétés d'assurances mutuelles ont sombré sur 200 qui ont été créées, et 97 Compagnies à prime fixe ont été anéanties sur 116 ; cela représente les 5/6. Depuis 1880 seulement, 64 Compagnies ont échoué sur 83 ayant pratiqué l'assurance. On estime que 400 millions de francs ont été engloutis ainsi ou à peu près, car les actionnaires n'ont été payés qu'en monnaie de faillite » (1). « Nous savons, ajoute M. Couteaux, quelle fut la cause de la ruine d'un grand nombre de Sociétés d'assurance qui cédèrent devant la concurrence victorieuse des ancien-

(1). Couteaux op. cit. page 88. La brochure de M. Ajam, date de 1910.

nes Compagnies. Mais ce n'est pas la seule cause de l'hécatombe... » et M. Couteaux nous conte les méfaits de la spéculation qui sévit au siècle dernier. Faire état de ces faits pour combattre l'assurance privée et conclure à son peu de sécurité, c'est méconnaître dans ses données les moins contestables, l'histoire de l'assurance. Il y a lieu de considérer, en effet, que l'assurance commençait seulement à prendre en France un certain développement dans les premières années du siècle dernier. Elle s'affermissait sur des bases scientifiques grâce à l'usage de la statistique ; mais celle-ci n'était point encore perfectionnée et la compensation des risques restait un véritable jeu qui donnait lieu à des abus que le législateur devait réprimer. C'est une période trouble : beaucoup de Sociétés sombrent ; le *risque est encore* mal connu et il y a une expérience dangereuse à faire. *Mais croit-on que ces essais malheureux* aient été stériles ? Tout progrès suppose un sacrifice, et c'est grâce à ces Compagnies privées, aux capitaux dont elles disposaient, que l'assurance a pu sortir de la période d'incertitude et de hasard où elle se trouvait. Ce travail de lutte et de découverte n'aurait pu être fait par l'assurance publique, ou le budget de l'État s'en serait trouvé grevé pour de longues années. Cournot a mis ce fait en relief dans un chapitre de ses « Principes de la théorie des richesses ». « Les Compagnies, dit-il, qui ont échoué dans des entreprises d'ailleurs utiles au public, font naufrage et bientôt la Société jouit gratuitement des avantages de l'entreprise, sans même se souvenir des désastres particuliers auxquels elle en est redevable. Les capitaux détruits se régénèrent, le passé est liquidé et il n'a point légué de charges à l'avenir ; tandis que si l'Etat a contracté des dettes pour venir à bout de l'entreprise, le service des arrérages devient pour l'Etat et par conséquent pour le public, une charge permanente (1). »

En somme, il n'est point étonnant qu'une entreprise aussi délicate et aussi complexe que l'assurance se soit heurtée à ses débuts à certaines difficultés, qu'elle a, d'ailleurs, victorieusement surmontées. Elle est au surplus entrée à l'heure actuelle dans une période calme et prospère et nous avons vu que le système législatif actuel instituait au profit de l'assuré des garanties suffisantes pour sa sécurité.

Toute la leçon que l'on soit en droit de tirer de l'histoire de l'assurance au XIXe siècle, c'est que *cette entreprise est beaucoup moins facile à exploiter qu'on ne se l'imagine communément*, qu'elle exige de la part du chef des qualités exceptionnelles d'initiative intelligente et de prudence, et qu'elle est loin de laisser toujours aux mains de ses exploitants « ces bénéfices aussi faciles qu'importants » dont parlent si volontiers les partisans du monopole.

2. — On a reproché aussi à l'assurance privée de laisser de côté un nombre important de risques et justement les plus intéressants, soit en les déclarant inassurables, soit en exigeant une prime trop élevée.

Mais n'est-il point logique qu'une maison de chaume soit assurée pour une prime plus forte qu'un immeuble

(1) V. Cournot : *Principe de la théorie des richesses* (Hachette 1863), p. 153.

en pierre de taille ? C'est là condition même d'une bonne gestion. L'Etat assurera-t-il tous les risques, et adoptera-t-il la prime unique préconisée par l'économiste allemand Wagner ? Ce serait l'abandon des sages principes de sélection et de classification des risques, et la sécurité de l'assurance s'en trouverait gravement compromise.

Si certaines branches d'assurance n'ont pas atteint tout le développement désirable, doit-on en accuser uniquement les assureurs, et ne doit-on pas plutôt voir dans ce retard une manifestation d'un certain esprit de routine, de la lenteur avec laquelle, dans certains milieux, on est arrivé à comprendre les avantages de l'assurance ? Les Caisses publiques, organismes d'Etat, ont-elles d'ailleurs mieux réussi que les Sociétés privées, malgré les privilèges précieux qui leur sont réservés ?

3. — Un des arguments les plus en faveur auprès des étatistes consiste dans les prétendus abus que l'on constaterait dans la gestion des Compagnies. Les assureurs profiteraient du quasi-monopole de fait dont ils jouissent pour imposer à leurs clients des conditions léonines, destinées à assurer les débours les moins grands pour les Compagnies et pour insituer au détriment de l'assuré un code complet de déchéances.

L'assurance est pourtant, il nous semble, un contrat librement consenti et s'il est exact, dans une certaine mesure, de dire que l'assuré ne contracte pas sur un pied de parfaite égalité avec les Compagnies, nous avons vu que le législateur s'est efforcé de rétablir l'équilibre et a eu soin d'imposer à l'assureur certaines mentions obligatoirement inscrites dans les polices ou de prohiber certaines clauses abusives.

Quand aux déchéances instituées par les Compagnies, certaines sont entièrement justifiées, par exemple celles encourues à la suite de modification apportée au risque, ou d'exagération de l'importance des dégâts après sinistre. On sait aussi que les fraudes sont nombreuses en matière d'assurance : il est juste que les Compagnies aient contre les mauvais assurés des moyens d'action. Il y aurait danger pour l'Etat assureur de se montrer inconsidérément indulgent, d'autant qu'avec une exploitation publique la maxime malheureusement trop répandue « Voler l'Etat n'est pas voler », ferait sentir ses pernicieux effets.

D'ailleurs, la jurisprudence n'a pas hésité à diverses reprises à condamner certaines conceptions juridiques des Compagnies, jugées excessives ; ainsi, il n'est pas rare de voir certaines actions en déchéance rejetées parce qu'elles paraissent reposer sur des conceptions par trop rigoureuses à l'endroit des assurés.

Nous ne croyons pas, au surplus, que les Compagnies accumulent systématiquement les exigences dans leurs rapports avec les assurés, et les Sociétés sérieuses n'usent des déchéances qu'avec prudence. La preuve, c'est que le plus souvent une transaction intervient dans les différends entre assureurs et assurés et que relativement peu d'affaires vont en justice.

La concurrence, elle aussi, est un précieux facteur de modération.

Mais les étatistes prétendent justement que la concurrence ne joue pas en matière d'assurance. Les Compagnies, affirment-ils, détiennent un monopole de fait, et « monopole pour monopole, il vaut mieux celui de la nation, exploité au profit de tous, que celui d'une féodalité financière, qui, comme une bande de corsaires, se taille des millions aux dépens de la masse du public». On peut déjà se demander si une entreprise privée, même monopolisée aux mains de quelques puissantes Sociétés, n'est pas préférable à une entreprise d'Etat. Mais, sans s'arrêter à cette question, il est plus intéressant d'examiner si, comme d'aucuns l'affirment, l'assurance constitue vraiment un monopole de fait.

Quelles raisons produisent les étatistes à l'appui de leur affirmation ? D'abord, disent-ils, les Compagnies à primes fixes se sont syndiquées et ont réalisé l'unification de leurs tarifs. Ensuite, l'assurance supposant un groupe de valeurs sur lesquelles on répartit les effets de sinistres, il est évident que les anciennes Compagnies qui ont pu constituer d'importantes réserves ont sur les Compagnies nouvelles un avantage incontestable qui rend la lutte inégale. « Sans doute, dit M. Couteaux, des Compagnies rivales ont pu s'établir, mais avec les plus grandes difficultés, car les anciennes Compagnies ont toujours soin de baisser leurs tarifs dans les Départements où s'établissent de nouveaux concurrents... » (1).

Mais ne sont-ce pas là les effets propres de la concurrence ? L'établissement de nouvelles Sociétés a contraint les anciennes à baisser leurs tarifs : résultat salutaire et éminemment souhaitable ! Quand à la dispari-

(1) Voir Couteaux op. cit. p. 86.

tion de nombreuses Compagnies, dont nous avons vu qu'on faisait également état pour démontrer l'insécurité de l'assurance privée. elle prouve tout simplement qu'il s'est produit parmi les Sociétés une sélection et qu'ont été éliminées les moins solides pour des raisons diverses; et cela montre aussi que l'assurance n'est pas une opération d'où l'on ne puisse retirer que de sûrs et importants bénéfices, comme affectent de le croire les partisans du monopole.

Quand on parle de monopole de fait, il importe aussi de ne pas ignorer complètement les Sociétés Mutuelles, les Sociétés étrangères, les Caisses publiques qui coexistent avec les Compagnies anonymes françaises. Ces organismes concurrents, et en particulier les Sociétés étrangères, ont une importance que l'on ne saurait considérer comme négligeable.

Ces dernières ont pris, en France, un développement notable et font aux Sociétés françaises une concurrence sérieuse. C'est ainsi qu'en 1911, en assurance sur la vie, sur un total de 66 Sociétés soumises au régime de la loi de 1905, 14 étaient étrangères. En 1913, les 5 Sociétés étrangères d'assurance contre les accidents percevaient un total de 159.162.688 francs de primes nettes contre 220 millions environ pour toutes les Sociétés françaises, Mutuelles ou à primes (1).

Enfin, si la plupart des Compagnies françaises sont, aux dires des étatistes, constituées en syndicat, il y a lieu de considérer que syndicat n'est pas synonime de

(1) Chiffres empruntés à un tableau du rapport de la Commission de Prévoyance et d'Assurances Sociales sur le projet Nadi (Chambre des Députés 1919 - Documents annexes n° 5657).

suppression de concurrence. La plupart des commerces et des industries, en France, ne sont-ils pas constitués en Syndicats, sans que la concurrence ne cesse pour cela de jouer librement, D'ailleurs, même en assurance, l'unification générale des tarifs est loin d'être réalisée. Selon que l'on s'adresse à des Compagnies anonymes françaises ou étrangères, ou à des Mutuelles, on est susceptible d'obtenir des conditions différentes. Si, parfois, les primes sont identiques, les clauses peuvent être plus ou moins avantageuses (1).

Est-il besoin de parler encore des réclames de toutes sortes faites par les Compagnies, des démarches de leurs agents qui se disputent la clientèle pour montrer que c'est un singulier paradoxe de parler en matière d'assurance de monopole de fait. Nous ne pouvons mieux faire pour résumer nos explications que de citer ces quelques lignes de M. Lambert : « Quand une in-
« dustrie est exercée par un nombre important de So-
« ciétés ou d'individus, que chaque jour il s'en crée,
« que souvent il en disparaît, comme c'est le cas pour
« l'exploitation de l'assurance en France, laquelle est
« aux mains de plusieurs centaines de Sociétés de tou-
« tes catégories, tant françaises qu'étrangères, c'est
« jouer sur les mots que de parler, comme le fait cou-
« ramment le parti socialiste, de monopole de fait. » (2).

4. — Nous venons de voir que les principales criti-

---

(1) Notons que toutes les Compagnies d'assurance ne sont pas syndiquées. Un certain nombre sont demeurées en dehors du Syndicat, à ne citer pour l'assurance-vie que la Compagnie générale d'assurances, la Foncière, la Nationale, le Phénix, l'Union.

(2) Lambert, op. cit. pages 24 et 25.

ques adressées par les étatistes aux Compagnies d'assurance ne doivent pas être retenues. Nous avons à nous demander maintenant quels sont les avantages que l'assuré pourrait retirer du monopole. Plus de sécurité ? Il semble que cet intérêt ne puisse guère être invoqué étant donné le régime légal auquel les Sociétés sont soumises, les garanties financières solides données aux assurés par les Compagnies. A cette conception, les partisans du monopole voudraient substituer un régime de réserves réduites permettant, estiment-ils, une modération extrême du taux des primes. Un tel programme apparaît comme difficilement défendable surtout si sa réalisation devait s'accompagner de l'abandon des principes de division, de sélection, de classification des risques qui donnent à l'assurance toute sa stabilité ; si l'on considère enfin que l'Etat seul assureur ne pourrait pratiquer la réassurance et se trouverait sans doute amené à l'unification du taux des primes, revendiquée notamment par le professeur Wagner, on est amené à penser que le système du monopole constituerait pour les finances publiques une opération de valeur très discutable.

Il faut remarquer enfin, comme le fait justement ressortir M. Varney, que, au cas de monopole « les fonds disponibles viendraient se confondre, en grande partie, avec ceux du Trésor. Une loi pouvant à tout moment mettre ces fonds à la disposition du Ministre des finances, l'autonomie de l'administration ne constituerait nullement une garantie à ce point de vue. »

Il n'est pas certain non plus que les rapports entre assureurs et assurés fussent améliorés. L'Etat est en général assez lent dans ses règlements ; ses ressources manquent d'élasticité. Il transige, en outre, moins aisément qu'une Société privée, et avec le monopole le nombre de procès tendrait plutôt à augmenter qu'à diminuer.

CHAPITRE II

LE MONOPOLE AU POINT DE VUE FINANCIER

Il importe de remarquer que la plupart des projets de monopole qui ont été déposés depuis 1848, n'envisagent qu'accessoirement l'amélioration de la situation de l'assuré et ont avant tout un but fiscal, avéré ou non. Le monopole est considéré comme une réforme fructueuse, une source de revenus importants qui viendront alimenter le Trésor public. Les projets Couderc et Carlier sont dans ce sens. La récente proposition Nadi également : « Pour combler le sombre gouffre financier qui s'ouvre sous nos pas, à l'heure où le pays pourra laisser tomber ses armes, il faudra revenir de gré ou de force aux bénéfices des monopoles », déclare l'exposé des motifs qui précède ce projet. Et pour augmenter le rendement supposé du monopole des assurances, la proposition Nadi prévoit même une surprime de 50 centimes pour 1000 des capitaux assurés.

Pour justifier leur conception, les partisans d'un monopole fiscal des assurances, font valoir depuis de longues années le même argument : l'impôt, disent-ils, a atteint son maximum de production et on ne peut songer à en créer de nouveaux sans s'exposer au mécontentement général ; il faut donc chercher ailleurs d'autres ressources et ces nouvelles ressources on les trouvera dans les monopoles d'État. Remarquons que M. Vincent Carlier soutenait déjà cette thèse en 1908, et que depuis la progression des impôts a été formidable. Depuis la proposition Nadi, qui date de 1918, l'augmentation s'est encore accentuée et devant les charges nouvelles du budget, nos ministres des finances ont songé, non pas à créer de nouveaux monopoles, mais au contraire à en abolir, notamment ceux des tabacs et des allumettes (1).

Au surplus, l'assurance, exploitée par l'Etat dans un but exclusif d'accroissement des ressources budgétaires, ne deviendrait-elle pas un véritable impôt, surtout avec l'assurance obligatoire qui est l'aboutissant logique du monopole d'Etat ? D'ailleurs, des partisans très nets du monopole sont opposés à cette conception fiscale. M. Couteaux dit notamment : « Cet impôt ne pèserait-il pas surtout sur les classes peu fortunées ? Il est clair,

---

(1) Le monopole des tabacs a rapporté en 1920, 799 millions à l'Etat Mais en Angleterre, où la fabrication du tabac est libre, l'Etat se bornant à frapper ce produit d'un droit de douane à l'entrée, le Trésor en retire un bénéfice net de un milliard et demi de francs. Voir le discours de M. Deschamps à la Chambre des Députés, J. Off. du 16 nov. 1921.

en effet, que les tarifs d'assurance ne seront pas progressifs, et que les riches propriétaires de maisons construites en matériaux durs et peu inflammables, surtout dans les villes, paieront moins que les villageois dont les maisons offrent beaucoup plus de dangers d'incendie. »

1. — *La productivité de l'assurance d'Etat*

Ces considérations mises à part, le monopole des assurances serait-il susceptible de donner les bénéfices importants qu'on en espère ?

Les partisans du monopole sont d'accord pour proclamer que leur réforme aurait des résultats financiers remarquables, soit qu'elle permette de réduire sensiblement le taux des primes, soit qu'on en fasse une source de recettes budgétaires.

Mais lorsqu'il s'agit d'évaluer même approximativement le montant de ces bénéfices, l'accord n'est plus aussi parfait. C'est ainsi que le ministre Duclerc estimait le bénéfice net du monopole des assurances contre l'incendie à 24 millions de francs. Avec la proposition Bourgeois, ce chiffre, toujours pour la même branche, s'élevait à 100 millions de francs. Pour M. Carlier, la monopolisation de toutes les assurances donnerait un profit de 300 millions de francs, pour M. Couderc de 250 millions seulement. M. Couteaux dans sa thèse l'évalue à 160 millions de francs, en supposant que l'Etat maintienne le tarif des Compagnies. Quand à M. Nadi, dans son récent projet, il estime que les bénéfices seraient au moins égaux à ceux des Compagnies. L'Etat pourrait d'ailleurs, ajoute-t-il, dans le but d'accroître ses ressources, majorer la prime nette d'une surprime de 0,50 pour 1000 francs de capitaux assurés, ce qui, sans tenir compte de l'augmentation du total des primes résultant de l'obligation, lui permettrait de réaliser un important bénéfice de plus de 65 millions qui serait certainement doublé par une réduction certaine d'au moins 10 o/o des frais généraux.

La diversité de ces appréciations est déjà un indice de leur fragilité. Les étatistes basent leurs calculs sur cette supposition que le monopole, non seulement ferait entrer dans les caisses du Trésor les bénéfices déjà réalisés par les Compagnies, mais encore, grâce à une excellente gestion, augmenterait la production, diminuerait les frais généraux.

Mais il ne faut pas oublier que la majeure partie des bénéfices réalisés par les Compagnies provient du placement des fonds, des réserves lentement et sagement amassées, souvent depuis plus d'un siècle. Or, il est évident que l'Etat, monopolisant l'assurance, ne saurait en même temps s'emparer de ces réserves, patrimoine propre des Sociétés, et ainsi disparaîtrait la source la plus importante de ces bénéfices qui permettent de distribuer aux actionnaires les dividendes si vivement incriminés par les partisans de l'assurance publique.

En matière d'assurance-vie, cet argument prend une force particulière. Dans le revenu des fonds placés est compris, en effet, outre le revenu des réserves mathématiques, celui du capital social et des réserves libres, sur lequel l'Etat, de toute évidence, ne saurait compter. De ce fait, le produit des fonds placés subirait déjà une diminution notable. Vers 1913, en effet, sur un total de bénéfices d'intérêts de 18.791.578 fr., 10.792.602 fr., provenaient des réserves mathématiques et le surplus, soit 7.999.008 francs, constituait le bénéfice des revenus du capital social et des réserves libres. Voici donc sur un solde bénéficiaire total de 22.462.945 francs, près de huit millions de francs qui échapperaient à l'Etat-assureur, soit plus du tiers (1).

Il faut tenir compte également qu'il serait difficile à l'Etat de pratiquer, en ce qui concerne l'emploi des capitaux, ce principe de variété dans les placements qui a donné aux Compagnies d'assurance d'heureux résultats.

Le produit de l'assurance publique se réduirait donc sans doute, pour assez longtemps, aux seuls bénéfices industriels. Pour donner une idée exacte de l'importance de ces bénéfices, nous transcrivons ci-après, en utilisant les chiffres publiés par l'*Argus* des assurances, les résultats des trois derniers exercices connus pour la branche la plus productive, l'incendie, et pour les quinze plus importantes Compagnies (2).

Années	PRIMES	Bénéfices industriels	0/0	Intérêt des placements
1919	389.526.179	16.621.951	4,17	20.322.742
1920	540.777.643	8.635.038	1,59	21.960.000
1921	628.251.623	6.001.672	0,95	22.330.000

(1) Voir les chiffres publiés dans le rapport de la Commission sur le projet Nadi.

(2) Voir *Argus* des assurances, n° du 2 juillet 1922.

Nous ne pensons pas que l'Etat puisse obtenir des résultats plus satisfaisants. L'expérience fournie par les régies publiques ne permet pas d'espérer que l'Etat assureur parvienne à des résultats supérieurs à ceux actuellement obtenus par les Compagnies (1).

Les étatistes estiment que les frais de gestion pourraient être réduits dans de notables proportions, 10 °/₀ au minimum, affirme M. Nadi, qui en escompte un supplément de recettes de 65 millions.

On est autorisé à être moins optimiste, car les entreprises d'Etat accusent en général un coût de production plus élevé que celui des entreprises privées. Les partisans du monopole prétendent que la concentration des assurances en un seul organisme d'Etat permettrait de réaliser une notable économie sur les frais généraux. Mais que d'inconvénients viendraient contrebalancer cet heureux résultat, en admettant sa possibilité. M. Varney, parlant de l'assurance-vie (2), considère avec raison que les bénéfices résultant de la concentration, pourraient être neutralisés par la perte résultant d'une exploitation moins économique, les frais de gestion laissant (par suite surtout du prix élevé de l'acquisition des contrats) une moindre marge de bénéfices possibles

---

(1) Voir à ce sujet :
Fons : le Monopole des Assurances, p. 55 à 68 (Th. Toulouse 1912)
W. Lambert : le Monopole des Assurances, p. 29 à 47.
Schatz : L'Entreprise gouvernementale et son Administration p. 78 à 103.
Faraveille : Réforme administrative.
Voir aussi les discours à la Chambre des Députés de M. Deschamps (J.-O. 16 novembre 1921, 27 octobre 1922, 31 octobre 1922)

(2) Voir Varney : Le Monopole des assurances sur la vie, p. 88.

que le choix des assurés et le placement judicieux des capitaux.

Les étatistes espèrent aussi réaliser d'importants bénéfices sur le personnel ; quelques milliers d'employés suffiraient à l'assurance publique, au lieu des innombrables courtiers et agents des Compagnies, largement rémunérés. Il est certain que les frais généraux et les commissions des Sociétés privées sont élevés. Mais il faut considérer que l'assurance est une industrie qui coûte très cher à exploiter, parce qu'elle est très délicate, très complexe, et réclame en outre, entre l'assureur et l'assuré, un contact qui nécessite un personnel nombreux. Il y a des contrats infimes, de quelques francs à peine, et pour chacun de ces contrats il a fallu des débats oraux et écrits, des visites, des expertises. Pour le règlement des sinistres, que de démarches et de difficultés encore ! En 1920, cinq grandes Compagnies : la Cie d'assurances générales, la Nationale, l'Urbaine, la Foncière, la Métropole ont réglé 55.168 sinistres. Les étatistes critiquent notamment la pratique des commissions en usage chez les Compagnies. Mais en matière d'assurance il ne s'agit pas d'attendre le client derrière un guichet ; il faut le solliciter. Si l'agent n'est pas directement intéressé à la production, il ne fera preuve ni de zèle, ni d'initiative. Certains partisans du monopole ont d'ailleurs fini par le comprendre, si bien qu'eux mêmes proposent de rémunérer leurs agents à la mode des Compagnies (1).

Quant à une réduction du personnel par l'utilisation des services déjà existants, nous estimons qu'il serait

(1) Voir l'exposé des motifs de la proposition de loi de M. Jules Nadi.

téméraire d'y compter. Croit-on pouvoir suffire à la tâche écrasante des assurances avec la seule utilisation des administrations actuelles ? Il ne nous paraît pas qu'on puisse sincèrement le penser. A un accroissement de besogne devra forcément correspondre une augmentation de personnel : « A-t-on vu souvent, disait M. Truchy dans une communication à la Société d'économie politique sur les monopoles fiscaux, un service public nouvellement constitué se contenter d'utiliser les agents des autres services ? » (1). Au surplus, le personnel aurait-il la compétence nécessaire ? On ne s'improvise pas assureur du jour au lendemain, et cette profession exige des connaissances lentement acquises par le travail et une expérience quotidienne. L'assurance est une entreprise délicate et compliquée ; des fonctionnaires inexpérimentés seront-ils au niveau de leur tâche ? « Il faut des expertises, dit M. de Nouvion, pour lesquelles des connaissances techniques sont indispensables et si, sous prétexte de simplification, on les supprime ou on les fait à la légère, le monopole. au lieu de rapporter à l'Etat, creuserait dans les finances publiques un gouffre qui irait sans cesse en augmentant ».

2. *Frais d'expropriation*. — Une question importante lorsqu'on traite du monopole des assurances, est celle de l'indemnité dûe aux Sociétés privées expropriées. Il est évident, en effet, que cette indemnité viendrait absorber une grande partie des bénéfices que l'Etat pour-

---

(1) Séance du 5 juin 1918. Voir compte-rendu au journal des Economistes du 15 juin 1918.

rait réaliser par l'exploitation des assurances. Il est vrai que beaucoup d'étatistes n'en admettent pas le principe.

Il peut paraître étrange qu'il soit venu à l'idée de certains d'exproprier sans indemnité préalable les Compagnies d'assurance qui, au prix de lents et patients efforts, sont parvenues à acquérir quelque prospérité. Il semble qu'il y ait là une atteinte au principe inscrit dans la Déclaration des droits de l'Homme et du citoyen « La propriété étant un droit inviolable et sacré, nul ne peut en être privé, sauf le cas de nécessité publique et sous la condition d'une juste et préalable indemnité. »

Quels arguments invoquent donc les partisans du monopole sans indemnité de rachat pour justifier leur conception ?

M. Vincent Carlier se prévaut de l'intérêt général qui doit l'emporter sur les intérêts privés « Ce n'est qu'en torturant l'esprit des lois réglant le droit de propriété, dit-il, que les défenseurs des Sociétés pourront prétendre à une compensation... Plus la démocratie progresse, plus les intérêts privés sont dominés par l'intérêt général, dans l'établissement des lois ».

M. Nadi reprend cet argument dans son exposé des motifs, mais sans lui donner une force nouvelle. Il affirme bien que le capital social des Sociétés d'Assurance est éminemment parasitaire, et toute son argumentation porte sur ce point. Mais le problème est ainsi mal posé. Ce qu'il s'agit d'indemniser, c'est la perte du bénéfice industriel que réalisent les Sociétés, bénéfice résultant de leurs seules opérations d'assurance. Et M. Nadi, pour repousser cette conception équitable de l'indemnité, se borne à invoquer les nombreuses complications financière qui pourraient en résulter : « Système trop onéreux, dit-il ». Evidemment la réfutation est faible. Cet argument a malheureusement apparu trop souvent à la Chambre, quand il s'est agi de déterminer la responsabilité de l'Etat, mise en jeu par une loi. Toute loi nouvelle, disent certains politiciens, risque de léser un certain nombre d'individus. Dès lors, s'il faut toujours accorder une indemnité, cette méthode va créer de trop lourdes charges au Trésor et risquer d'arrêter tout progrès social.

Mais il ne s'agit pas, lorsqu'on discute cette question, d'envisager les conséquences coûteuses ou non de l'indemnité. Ce qu'il importe de se demander, c'est s'il y a oui ou non droit à réparation. Et nous estimons qu'en ce qui concerne les assurances, la réponse n'est pas douteuse.

Nous avons parlé plus haut du principe d'inviolabilité de la propriété, inscrit dans la Déclaration des Droits de l'Homme. Ajoutons que la notion de propriété individuelle est affirmée avec une égale netteté par l'article 545 du Code civil. Nous ne prétendons pas, certes, que toute loi ait pour conséquence de donner aux intérêts qu'elle lèse des droits à une indemnité.

Mais lorsqu'une industrie ou un commerce ne porte atteinte ni à l'ordre public, ni aux bonnes mœurs a-t-on le droit d'en prononcer la suppression ou la monopolisation sans indemnité préalable ?

Certains auteurs considèrent qu'il n'y a droit à indemnité que si la loi a eu pour but l'enrichissement de l'Etat. Alors, en effet, disent-ils, le législateur a poursuivi un but non social, mais fiscal. Le patrimoine de l'Etat s'est enrichi au détriment des particuliers.

Dès lors ne donneront pas lieu à indemnité, les lois ayant un but de morale, d'hygiène ou de progrès social. Cette théorie doit, à notre avis, être considérée comme trop restrictive. On comprend sans doute, par exemple, que la loi de 1848 en abolissant l'esclavage n'ait accordé aucune indemnité aux colons, que les lois de 1893 et de 1903 sur l'hygiène et la sécurité des ouvriers dans les ateliers, qui entraînaient de lourdes charges pour les patrons, n'aient cependant prévu aucune indemnité pour ces derniers.

Mais on ne saurait admettre qu'il suffise d'invoquer un intérêt de progrès social pour exproprier sans indemnité. La formule proposée est trop extensive, laisse trop de place à l'arbitraire. Ainsi, certains estiment que le progrès social doit aller jusqu'à la transformation de la propriété individuelle en propriété collective. En vertu de ce principe on assisterait à la substitution plus ou moins rapide du monopole public à la propriété individuelle sans indemnité.

Par application de cette même formule extensive, le législateur qui voudrait éviter le paiement d'une indemnité s'abriterait derrière une raison de nécessité sociale. Il y a, dans cet ordre d'idée, quelques exemples intéressants dans notre histoire législative.

Lorsqu'on discuta la loi de 1902 sur l'interdiction de la saccharine en dehors de la pharmacie et des produits non alimentaires, on invoqua un intérêt d'hygiène. On prétendit que la saccharine était nocive pour notre organisme. En réalité, les motifs de la loi étaient surtout économiques et fiscaux. La saccharine, à poids égal, a un pouvoir sucrant 500 fois supérieur à celui du sucre. Si son emploi s'était généralisé l'industrie sucrière aurait succombé et le fisc aurait perdu de ce fait des sommes importantes. Il était d'autre part impossible de taxer la saccharine trop facilement dissimulable. La disposition prohibitive fut introduite au dernier moment dans la loi des finances. La discussion fut brève et on n'accorda pas l'indemnité. La doctrine protesta, mais en vain.

Il ne saurait suffire cependant d'invoquer l'utilité publique pour faire échec au principe du droit à indemnité.

Nous avons vu que c'est toujours de l'intérêt général que se prévalent ceux qui concluent à l'expropriation pure et simple des Sociétés d'assurance, alors même que, comme MM. Carlier et Nadi, ils espèrent que l'Etat retirerait un bénéfice du monopole. Le monopole ferait simplement, dit M. Carlier, « cesser une tolérance qui « a permis à ceux qui en ont usé de s'enrichir, tout en « assurant un service qui, par sa nature et sa haute « portée, n'aurait jamais dû être abandonné aux initia« tives intéressées des gens de finances. »

La formule proposée est donc trop large ; d'ailleurs il faut se souvenir que parmi les partisans du monopole il en est plusieurs qui, comme MM. Carlier et Nadi, en attendent des bénéfices appréciables pour l'Etat. Il s'agirait donc de supprimer, non pas exclusivement dans un but d'intérêt social, mais aussi dans un but d'intérêt fiscal, une entreprise qui, loin d'être contraire à l'ordre public et aux bonnes mœurs, a assuré un service économique tout à fait essentiel. Dans de telles *conditions le principe de l'indemnité ne saurait être* raisonnablement discuté.

Il convient d'ailleurs de noter que, dans notre droit public, le principe du devoir d'indemnité à la charge de l'Etat législateur, tend à prévaloir. Même dans les cas où l'indemnité ne s'imposerait pas juridiquement, on admet l'obligation morale. Ainsi, lorsqu'en 1904 on voulut supprimer les bureaux de placement, on considéra comme équitable d'accorder à leurs propriétaires des indemnités, bien que ces bureaux fussent soumis à autorisation révocable en principe et que leurs titulaires n'aient pu, en conséquence, se prévaloir d'aucun droit acquis.

Le droit à indemnité a, au surplus, des partisans, même parmi les étatistes les plus convaincus. M. Bourgeois estime que l'Etat a le devoir de respecter et de protéger la propriété privée, et M. Couteaux déclare nettement : « Si l'on établit le monopole au cours du régime individualiste actuel, il est certain qu'on ne peut, sans injustice, priver de certains revenus une seule catégorie de citoyens, sans les indemniser de la perte subie ».

Le principe admis, sur quelles bases va-t-on calculer l'indemnité ? Selon une théorie qui tend de plus en plus à prévaloir en matière de responsabilité de l'Etat législateur, auront droit à une indemnité tous ceux qui auront subi un préjudice direct du fait du monopole. Ce seront donc non seulement les actionnaires des Compagnies anonymes qui devront être indemnisés de la valeur industrielle de leur instrument de bénéfices, mais encore le personnel de toutes les Sociétés mutuelles ou anonymes, leurs agents, courtiers et représentants qui, pour la plupart, se trouveront du jour au lendemain, sans emploi (1).

Il est très difficile d'évaluer, même approximativement, le total des charges qui viendraient, de ce fait, grever le budget de l'Etat. M. Lambert les évalue à 1 milliard 325 millions. Il est certain, en tout cas, qu'elles seraient très élevées et que l'amortissement de ces frais énormes d'expropriation pèserait chaque année lourdement sur le Trésor public (2). Une réforme aussi onéreuse doit de ce seul chef être envisagée avec une extrême réserve.

3. — *Rendement fiscal de l'assurance privée.* — On vient de voir les déceptions financières que le monopole pourrait réserver à l'Etat-assureur. Il faut considérer aussi que l'assurance privée paie chaque année au Trésor des sommes importantes. Les Sociétés d'assurance supportent en effet de nombreux impôts rapportant

---

(1) M. Couteaux soutient qu'en droit strict l'Etat ne devrait rien aux agents dépossédés. En jurisprudence, en effet, une Compagnie qui, à la suite de nécessités inéluctables, se voit contrainte de supprimer ses agences, ne doit, de ce fait, aucune indemnité. Mais assimiler l'Etat supprimant les Compagnies d'assurance, à une Compagnie qui renvoie un agent ou cède un portefeuille à une Société concurrente en raison du marasme de ses affaires, ne nous paraît pas exact. Il faudrait prouver la « nécessité économique inéluctable » du monopole dont parle M. Couteaux, et cette preuve est loin d'être faite. Il est à noter d'ailleurs que la jurisprudence établit qu'en cas de brusque congé les employés ont, même au cas de convention contraire, droit à une indemnité en rapport avec leur ancienneté, les services rendus, avec les difficultés qu'ils peuvent avoir à trouver un emploi équivalent. Les indemnités de cette nature sont parfois assez élevées.

(2) Sur le calcul de l'indemnité d'expropriation, nous renvoyons à l'ouvrage de M. W. Lambert « Le Monopole des assurances » pages 167 à 190.

annuellement à l'Etat, sans aucun risque, des dizaines de millions. La majeure partie de ces ressources fiscales disparaîtrait avec le monopole ; ces millions ainsi perdus chaque année par l'Etat devraient évidemment venir en déduction des revenus éventuels de l'assurance publique, et le bénéfice net encaissé par l'Etat, en serait considérablement réduit.

Un rapide exposé du régime fiscal des assurances en France nous permettra d'apprécier toute la portée de cet argument.

Les Compagnies d'assurance paient d'abord un certain nombre de taxes spéciales dont on les frappe en tant qu'assureurs et qui constituent une charge très lourde. Ces taxes diffèrent suivant les catégories d'assurance. Nous en donnons un tableau succint.

A. — *Assurances incendie*

1° Droits d'enregistrement : 11 °/₀ du montant de la prime (Lois des 23 août 1871, 29 juin 1918 et 25 juin 1920).

2° Taxe d'abonnement au timbre : 0.14 °/₀ des capitaux assurés (Lois des 29 décembre 1884, 28 juin 1918 et 25 juin 1920). Cette taxe est réduite à 0.10 en faveur des Sociétés Mutuelles.

3° Taxe de 6 francs par million de capital assuré pour l'entretien des Corps de sapeurs pompiers. (Loi du 13 avril 1898) (1).

(1) Avant l'établissement de cette taxe, les Compagnies accordaient aux Corps de pompiers, des subventions gracieuses. Or, actuellement les pompiers ne reçoivent qu'une infime portion du produit de la taxe. C'est ainsi qu'en 1919, 800.000 francs seulement leur ont été attribués sur les 2.297.666 francs produits par la taxe. Le surplus a été incorporé à l'ensemble des ressources de l'Etat.
— Voir *Journal Officiel*, 26 janvier 1921, page 132.

4° Taxe de 12 francs par million de capital assuré (Loi de finances 30 janvier 1907).

B. — *Assurance-Vie*

a) *Contrats d'Assurances sur la Vie.*

1° Taxe d'abonnement au timbre : 8 francs par 1.000 francs des versements (Lois des 5 juin 1850, 29 décembre 1884, 18 avril 1898, 29 juin 1918 et 25 juin 1920.

2° Droits d'enregistrement : 1.25 °/₀ des versements. (Lois des 25 août 1871, 29 juin 1918 et 25 juin 1920)

b) *Contrats de Rentes viagères.*

1° Taxe d'abonnement au timbre : 8 francs par 1.000 francs des versements.

2° Droits d'enregistrement : 2.25 °/₀ des versements (Mêmes lois).

C. — *Assurances accidents de droit commun, vol et transports*

1° Taxe d'abonnement au timbre : 8 francs par 1.000 francs des primes (Lois des 29 juin 1918 et 25 juin 1920).

2° Droits d'enregistrement : 2.25 °/₀ des primes.

D. — *Assurances contre les risques agricoles* (grêle, mortalité, bétail, etc...)

1° Taxe d'abonnement au timbre : 0.12 °/₀ des sommes assurées.

2° Droit d'enregistrement : 2.25 °/₀ de la prime (Lois des 9 mai 1860, 2 juillet 1862, 14 juin 1919 et 25 juin 1920.)

E. — *Assurances maritimes.*

Taxe unique de 1.52 % de la prime avec minimum de 0.50.

En dehors de ces taxes spéciales, les sociétés d'assurance acquittent naturellement les impôts qui pèsent sur toute entreprise en raison des locaux qu'elle occupe et des biens qu'elle possède. Les Compagnies à prime fixe en tant que Sociétés anonymes ont, en outre, un certain nombre de droits supplémentaires à payer dont sont exemptes les Mutuelles qui ne revêtent point de caractère commercial.

C'est ainsi que les Sociétés d'assurance sont amenées à verser au Trésor, en sus des taxes spéciales plus haut énumérées, la patente, calculée à raison de 2 francs par chaque million de capitaux assurés, majorés des centimes additionnels ; les impôts cédulaires sur les bénéfices industriels et commerciaux, les timbres et les droits de transmission des actions.

Il est très difficile d'évaluer exactement le chiffre que rapportent annuellement à l'Etat les impôts multiples des assurances, mais on ne doute pas qu'il soit très élevé. En tout cas, il ne fait que croître d'années en années.

Nous possédons, pour la branche-incendie, de beaucoup la plus imposée, les chiffres payés par les principales Compagnies, en 1921. Pour les 18 plus importantes Compagnies, ce chiffre s'élève à 106.720.118 francs; il n'était en 1920 que de 76.638.659 francs ; de 48.722.553 francs seulement pour 1919. En 1913, le total des impôts pour ces mêmes Compagnies n'atteignait pas 29.000.000 de francs.(1) On voit que les Com-

(1) Voir les Nos de l'Argus du 31 juillet 1921 et 2 juillet 1922 ; « le Moniteur des Assurances » d'août 1921 et août 1922.

pagnies paient à l'Etat un large tribut. La Compagnie d'Assurances Générales faisait ressortir dans le compte-rendu de ses opérations pour l'année 1920, que son travail rapportait quotidiennement à l'Etat la somme de 28.500 francs.

Les Mutuelles, beaucoup moins imposées, versent cependant à l'Etat des sommes encore importantes. Les 30 principales Sociétés ont payé en 1920, 16.181.044 fr. d'impôts.

Nous ne possédons pas de chiffres exacts pour les autres branches d'assurance, mais nous croyons être bien au dessous de la vérité en en fixant le total à 55 ou 60 millions. Il suffit de remarquer que pour la branche-vie seulement, et pour la seule « Compagnie d'assurances générales » les charges fiscales se sont élevées pour l'exercice 1921 à 4.858.300 francs.

A côté de ces impôts directs, au surplus, les Sociétés d'assurance acquittent encore un certain nombre de taxes dont il est impossible d'évaluer exactement le montant.

Ce sont les timbres d'affiches, les timbres de dimension des pièces de règlement des sinistres, les redevances téléphoniques et télégraphiques, les affranchissements postaux etc...

Enfin, le personnel lui-même des Sociétés verse au fisc des sommes appréciables. Les agents, les courtiers, les employés d'assurance sont assujettis à la patente, à l'impôt sur le bénéfice net, à la taxe sur le chiffre d'affaire, à l'impôt sur les bénéfices de guerre.

Autant d'éléments qui doivent entrer en ligne de compte lorsqu'on calcule ce que l'assurance privée rapporte au Trésor. Sans exagération, on peut, il nous semble, fixer très approximativement à 200 millions le tribut de l'assurance privée à l'Etat. Et il est à remarquer que la plupart de ces impôts sont perçus directement par les Compagnies et versés au Trésor sans aucun frais pour ce dernier.

Or, il est évident qu'avec le monopole une grande partie de ces ressources fiscales va disparaître.

Parmi les impôts que perçoit l'Etat du fait de l'assurance, les uns sont récupérables auprès des assurés, les autres frappent les assureurs. Si l'on peut supposer que le monopole conserve les premiers, il est de toute évidence que la seconde catégorie de taxes va lui échapper. Le Trésor perdra le montant des impôts, droits et contributions qui sont à la charge personnelle des Sociétés et de leurs agents, courtiers et employés.

Il y a encore un élément de moins-value fiscale qu'il convient de signaler : c'est la suppression des Sociétés étrangères. Les Sociétés étrangères opérant en France acquittent de nombreux impôts tant comme Sociétés anonymes que comme assureurs. Comme Sociétés anonymes elles sont assujetties au droit de timbre, au droit de transmission sur les titres circulant en France, à la taxe sur le revenu des valeurs mobilières (5 %, loi 30 décembre 1916, art. 11). Considérées en tant qu'assureurs, les Compagnies étrangères d'assurance sur la vie acquittent 1° le droit de timbre par abonnement : 2° le droit d'enregistrement applicable aux assureurs étrangers, qui font des opérations en France, soit directement, soit indirectement, c'est à dire non seulement à ceux qui font des opérations en France par le moyen d'agences ou de succursales fonctionnant ostensiblement, mais encore à ceux qui se bornent à rédiger, dans leurs agences à l'étranger, des contrats préparés ou obtenus en France par des courtiers et intéressant des souscripteurs domiciliés en France.

On conçoit que ces diverses taxes, appliquées à des Sociétés qui réalisent en France d'importantes opérations, soient très productives. Cette source de revenus va encore échapper à l'État avec l'établissement du monopole qui supprimera les Sociétés étrangères.

L'assurance privée rapporte annuellement à l'État, sans aucun risque, sans aléa, plus de 200 millions de francs. Le monopole va réduire ces ressources fiscales dans de notables proportions. « Serait-il sage de la part « de l'Etat, dit M. Lambert, de compromettre une situa- « tion aussi avantageuse et aussi productive pour entre- « prendre à ses risques et périls, une opération aléa- « toire qui commencerait par l'ouverture d'un nouveau « et important chapitre au grand livre de la Dette publi- « que et qui menacerait de restreindre ses ressources, « au lieu de leur apporter un supplément. » (1)

Que l'on se place donc au point de vue de l'intérêt général ou à un point de vue strictement financier, le monopole des assurances ne nous parait pas devoir donner les résultats que certains en espèrent. D'ailleurs les expériences faites jusqu'ici par l'Etat, dans le domaine des assurances, n'ont pas été très heureuses.

On sait que l'Etat a organisé diverses Caisses Nationales d'assurance : la Caisse de prévoyance des marins

(1) V. Lambert. Le Monopole des Assurances, p. 94.

français, instituée par la loi du 29 décembre 1905 : la Caisse Nationale d'assurance en cas de décès, créée par la loi du 11 juillet 1868 ; la Caisse Nationale en cas d'accidents, créée également par la loi du 11 juillet 1868.

Ces organismes ne jouissent que d'une prospérité médiocre, et loin de donner des bénéfices à l'Etat, ils ne subsistent que grâce à des subsides officiels. (1) Un des plus typiques est la Caisse Nationale d'assurance en cas d'accidents créée par la loi du 11 juillet 1868. Elle devait recevoir une subvention de l'Etat qui ne lui fut versée que dans les premières années. Elle faisait des opérations insignifiantes, encaissant en moyenne annuellement 3.000 francs de primes (2.992 francs en 1907) (2). De 1868 à 1909 le total des cotisations versées était de 303.666 francs. Mais les subventions atteignaient 2.100.000 francs, dont les arrérages accumulés en raison du peu d'importance des opérations (261.160 francs de sinistres ou frais) donnèrent un capital de 9.571.879 francs.

Les lois des 24 mai et 30 juin 1899 étendirent aux accidents de travail les opérations de la Caisse. La Caisse Nationale contre les accidents de travail garantit seulement la mort et l'incapacité. Sur son fonctionnement il est intéressant de consulter le rapport publié le 1er mai 1920 par le Ministre de l'Hygiène(3), de l'assistance et de la prévoyance sociale en exécution des arti-

---

(1) Voir Lambert. Monopole des Assurances, p. 40 à 47.

(2) Voir le compte rendu des opérations de l'exercice 1907 *Journal Officiel* 30 juillet 1908, annexes p. 735.

(3) Voir *Journal Officiel*, Annexe, 18 mai 1920.

cles 26 et 27 de la loi du 9 avril 1898. Ce rapport englobe les années 1912 et 1913. Commencée en 1914, la préparation en fût interrompue par la guerre et reprise en 1919.

Le nombre des contrats en cours s'élevait à 2.479 au 31 décembre 1912, et 2483 au 31 décembre 1919, contre 2464 en 1911 et 2475 en 1910, Il est donc à peu près stationnaire. Le total des charges au 31 décembre 1913 serait, d'après le rapport, de 6.177. 429 francs contre 4.946.378 francs de recettes. ce qui laisserait un excédent de dépenses de 1.231.051 francs. L'année 1912, laisse elle aussi, prévoir un déficit de 1.196.068f.43. En 1911, les dépenses excédaient les recettes de 723.762 fr. 30 et en 1910 de 627.396 francs. Où s'arrêtera ce déficit croissant ? M. Couteaux prétend que ces mauvais résultats financiers sont dûs non à une mauvaise gestion de l'administration des dépôts et consignations, mais seulement à ce fait que les tarifs sont établis suivant des taux insuffisants et qu'il suffirait de les relever « légèrement » (1). On ne peut cependant s'empêcher de remarquer que, pour un nombre de contrats sensiblement égal, le déficit est passé de 627.396 francs en 1910, à 1.231.051 en 1913, soit à peu près le double.

Les Sociétés privées, si elles ne retirent pas d'énormes bénéfices de l'exploitation de la branche accidents de travail, arrivent tout de même à équilibrer leur budget mieux que ne le fait l'Etat. Encore faut-il noter que la Caisse Nationale ne garantit que la mort ou l'incapacité permanente alors que les Compagnies garan-

---

(1) Couteaux, op. cit. p. 383.

tissent aussi les incapacités temporaires et ont, de ce fait, des charges beaucoup plus lourdes.

Il y a là un exemple que devraient méditer les partisans du monopole d'Etat des assurances. L'assurance publique n'a pu jusqu'ici ni donner des bénéfices, ni se répandre dans les masses populaires. N'y a-t-il pas là un indice certain de l'incapacité de l'Etat assureur ? Au surplus nous avons vu que l'établissement du monopole rencontrerait des difficultés pratiques insurmontables, et surtout des difficultés financières qui, en l'état actuel de nos finances publiques, doivent plus que jamais être prises en considération. Comment, notamment, l'Etat parerait-il aux frais énormes d'expropriation et de premier établissement qu'entrainerait le monopole ? Un nouvel emprunt serait nécessaire. En se plaçant même dans l'hypothèse la plus favorable, le monopole ne serait susceptible d'être productif qu'au bout de longues années et, pendant une période de près d'un siècle, l'Etat assureur devrait se contenter d'équilibrer péniblement son budget. C'est là une expérience que nos finances ne nous permettent pas de tenter, et à tous les points de vue le maintien du régime actuel nous paraît préférable.

CONCLUSION

La question de l'intervention de l'Etat en matière d'assurance se rattache, en somme, au problème général du rôle de l'Etat dans l'ordre économique. L'Etat doit, selon nous, se borner à ses fonctions de gouvernement sinon, comme dit Taine, il remplit mal sa fonction propre et sa fonction usurpée. Sa tâche ainsi délimitée demeure considérable. M. Schatz la définit ainsi ; « Il (l'Etat) a tout d'abord à remplir une tâche, si l'on peut dire négative, en ce sens qu'il a pour premier devoir de faire disparaître les obstacles qui s'opposent au jeu normal de l'ordre naturel et qui sont les diverses contraintes qui pèsent sur l'individu du fait de sa faiblesse et de son ignorance, ou des institutions, ou d'une maladroite règlementation. A côté de cette tâche négative, il lui revient une tâche positive, qui est l'accomplissement de son rôle propre de chef de la communauté, appelé comme tel à la diriger, non pas par des interventions tracassières incompatibles avec la fonction de chef, mais par l'exacte compréhension et la mise en œuvre de ses attributions propres (1) ».

(1) Schatz. — L'entreprise gouvernementale p. 44.

Si donc l'Etat sort de son rôle quand il se fait industriel et commerçant, il lui appartient de faire régner l'ordre dans les relations économiques et sociales, et il doit se réserver à cet effet un droit de contrôle et de surveillance sur certaines entreprises particulièrement importantes par l'étendue de leur objet, les capitaux dont elles ont besoin et les intérêts qu'elles mettent en jeu.

L'assurance est de cet ordre. L'Etat doit borner son intervention en cette matière à l'exercice d'un contrôle assez assidu et assez énergique pour réprimer les abus qui pourraient être commis. A cette condition seulement, l'assurance peut vivre et se développer. Comme le dit M. Lambert « pour que l'assurance, sous toutes ses formes, soit la force de l'avenir et un admirable instrument de progrès, il lui faut avant tout la liberté, ce grand ressort de l'activité humaine, grâce auquel elle pénètrera lentement peut-être, mais sûrement dans les classes sociales où elle est encore trop peu connue ».

Il serait vain cependant de ne pas reconnaître que le régime législatif actuel des assurances comporte encore bien des imperfections et que certains remaniements s'imposent. Il est vrai que beaucoup de ces réformes partielles ont été déjà accomplies en fait par les Compagnies les plus sérieuses, et ce serait surtout une œuvre de codification des pratiques actuelles qui resterait à réal

L'élaboration d'une loi sur le contrat d'assurance fait depuis de longues années déjà l'objet des préoccupations du législateur.

---

(1) Lambert op. cit. p. 54

Deux arrêtés ministériels des 26 avril et 2 mai 1902, avaient constitué deux commissions chargées, l'une d'étudier les dispositions législatives en vue de l'organisation du contrôle des Sociétés d'assurance sur la vie, l'autre d'étudier les dispositions législatives auxquelles pourraient être soumis les contrats d'assurance. Les travaux de la 1re commission aboutirent à la loi du 17 mars 1905 que nous avons, d'autre part, étudiée.

La 2e commission, après de longs travaux préparatoires, adopta un projet de loi soumis au Ministre du commerce au mois de juin 1904. M. Lyon-Caen, rapporteur général, présentait le projet et en faisait ressortir l'utilité en termes excellents : « En France, jusqu'à la constitution de la Commission de 1902, qui a l'honneur de vous présenter le projet ci joint, aucune tentative n'avait été faite pour arriver à la confection d'une loi sur les assurances terrestres. La lacune que présente à cet égard notre législation a dû être comblée par la jurisprudence. En appliquant les principes généraux du droit, en s'inspirant, par analogie, des dispositions du code de commerce sur les assurances maritimes, en s'attachant à la nature du contrat d'assurance et en tenant compte des besoins de la pratique, nos différentes juridictions ont donné des solutions aux questions les plus variées que les assurances font fréquemment naître. La plupart de ces solutions sont certainement satisfaisantes ».

Nous avons déjà signalé ce rôle de la jurisprudence en traitant la question du monopole des assurances et des déchéances instituées par les Compagnies. Cependant, comme le fait encore remarquer M. Lyon-Caen, la jurisprudence est variable par nature et il y aurait lieu de consacrer définitivement certaines règles adoptées dans les décisions des Tribunaux, pour lesquels, au surplus, la convention fait la loi des parties : « Il faut que la loi remplisse une sorte de mission sociale, qu'elle intervienne pour protéger le faible contre le fort, l'assuré contre l'assureur, en prohibant certaines clauses ou en imposant certaines autres ». Mais le rapporteur général a soin d'indiquer que cette intervention de l'Etat ne doit pas dépasser certaines limites : « Toutefois, respectueux de la liberté des conventions qui est nécessaire au développement si souhaitable du commerce des assurances, et souvent à l'intérêt bien entendu des assurés eux-mêmes, on s'est efforcé de réduire le plus possible le nombre des dispositions impératives et prohibitives, en ne se préoccupant que des abus graves et caractérisés » (1).

Le projet de loi déposé à la suite de ce rapport comprenait 82 articles et était divisé en 5 titres. Le titre 1er était consacré aux assurances en général ; les titres II, III et IV respectivement aux assurances contre l'incendie, sur la vie et contre les accidents ; le titre 5 décrivait les dispositions transitoires.

Ce projet de loi sur le contrat d'assurance avait été abandonné. Il vient d'être repris et est actuellement à l'étude. Elaboré depuis plusieurs années il a été, dit « la Prime », depuis longtemps dépassé par des modifications, plus ou moins spontanées, qui ont été appor-

(1) Voir Commission du Contrat d'assurance : Avant-projet de loi. Imprimerie Nationale 1904.

tées dans un sens plus libéral, dans les conditions générales des polices (1). A tel point que si ce projet était voté sous sa forme primitive, et que les Compagnies s'en tiennent purement et simplement à son application, les assurés obtiendraient moins de garanties que sous le régime actuel.

Heureusement, le texte du projet a été soumis à une nouvelle étude qui aura pour résultat de le mettre en harmonie avec les nécessités actuelles. Suivant une procédure excellente, la Commission parlementaire chargée d'élaborer ce projet a demandé l'avis de toutes les grandes organisations professionnelles, la Chambre des Courtiers d'assurance, la Fédération nationale des Syndicats d'Agents généraux d'assurances, et les Syndicats des Compagnies d'assurance. Espérons que certaines questions délicates y recevront une solution satisfaisante. Il serait notamment souhaitable que soient réglementés les rapports entre assureurs et assurés, à deux moments importants : avant la conclusion du contrat et après sinistre.

Avant la conclusion du contrat, aucun délai n'est prévu pour l'acceptation ou le refus de la proposition faite à la Compagnie. Il peut en résulter pour le futur assuré des inconvénients assez graves que font ressortir en termes excellents ce passage extrait d'un article de « La Prime » du 15 septembre 1922 : « Nous entendons bien que, d'après la jurisprudence, la proposition peut être révoquée, tant qu'elle n'est pas définitivement acceptée par l'assureur. En fait, il est difficile que l'as-

(1) Voir « La Prime » n° du 15 avril 1922.

suré ou son mandataire déposent en même temps des propositions à un certain nombre de Compagnies, avec l'intention de donner la préférence à celle qui, la première, fera parvenir sa réponse. Ce n'est d'ailleurs pas possible quand il faut réunir un certain nombre de coassureurs. L'assuré s'arme alors de patience. mais si, dans l'intervalle, un sinistre survient, sa situation est extrêmement défavorable : il se trouve, en effet, exposé à conserver pour son compte les conséquences de ce sinistre. Quand il s'agit d'un avenant modicatif à une police déjà en cours, l'assuré a, semble-t-il, encore plus le droit de se plaindre puisqu'il est obligé, par le contrat même, à certaines déclarations entraînant le plus souvent des modifications dans le taux de la prime, et qu'il doit obligatoirement s'adresser à l'assureur primitif, n'ayant pas la possibilité de recourir à un autre ». Il serait donc à souhaiter que le législateur fixe un délai de réponse.

De même après sinistre, aucun délai de règlement n'est fixé. Il est vrai que la question est ici plus délicate, certains sinistres demandant de longues expertises et les prétentions de l'assuré amenant parfois de laborieuses discussions. Mais sans fixer un délai maximum, méthode qui manquerait de souplesse, ne pourrait-on pas prévoir le versement d'une provision lorsque le sinistre n'est pas réglé au bout d'un certain temps, car l'assuré peut avoir un besoin urgent de ses capitaux.

Bien d'autres points seraient à régler, entre autres les droits de l'assuré en cas de faillite pour la Compagnie. L'assuré ne peut résilier sa police de la Compagnie a formé opposition au jugement déclaratif de faillite, ou si, déboutée de son opposition, elle a relevé appel. Il y a là une situation assez singulière.

Une loi réglementant le contrat d'assurance serait donc nécessaire en France. Un pareil texte a été déjà établi en Allemagne depuis plusieurs années par la loi du 30 mai 1908. Nous citerons seulement, parmi les dispositions les plus intéressantes de cette loi, la Section où sont réglées en détail les principales questions que soulève le contrat d'assurance sur la vie, et où le législateur, tout en laissant au droit civil le soin de régler certains problèmes, a cependant su apporter à certaines questions délicates une solution satisfaisante. Cette loi contient aussi des dispositions applicables aux diverses branches d'assurance, et statue notamment sur la délivrance de la police, la remise d'un duplicata et de la copie des déclarations émanées de l'assuré, la mise en faillite de l'assureur, le paiement de la prime etc... (1).

Nous ne saurions en terminer avec cette récapitulation des principales réformes désirables sans rappeler les lacunes du régime auquel sont soumises les Sociétés étrangères d'assurance opérant en France. Le décret du 8 mars 1922 ne les oblige pas à constituer des réserves, non plus qu'à établir leur bilan dans une forme déterminée, puisqu'il ne s'applique qu'aux Sociétés françaises en ce qui concerne leurs conditions de constitution et de fonctionnement, Le seul contrôle sérieux porte sur les Sociétés étrangères d'assurance sur la vie et a été institué par la loi de 1905. Pour les autres, au-

(1) La loi allemande de 1908 reste en vigueur à titre provisoire en Alsace et Lorraine jusqu'à ce que le Parlement français ait adopté une loi analogue.

cune garantie n'est exigée par le législateur français, et ceci n'est pas sans entraîner de regrettables conséquences. « Il est fâcheux de penser, dit " La Semaine » que récemment certains pays ayant imposé un cautionnement à leurs Compagnies d'assurance, certaines de celles-ci ont eu l'audace de venir travailler en France où rien n'était exigé d'elles, alors que leur pénurie de numéraire les empêchant de remplir la condition exigée par leur pays d'origine, elles se voyaient, chez elles, contraintes de cesser leurs opérations : insolvables et jugulées par leurs lois nationales, elle ne pouvaient faire honneur à leurs engagements. C'est vraiment, de notre part, pousser loin le respect de l'hospitalité » (1)

Il n'est pas dans notre pensée de nous livrer à une attaque quelconque contre les Sociétés étrangères. Mais il est permis de trouver insuffisantes les garanties légales accordées aux assurés français à l'égard de ces Sociétés. Un régime plus sévère eût peut être évité les manœuvres de certains assureurs peu scrupuleux.

Nous rappellerons seulement, à titre d'exemple, le krach encore récent de la City Equitable Fire, dont le Directeur fut arrêté en Autriche, et qui entraîna dans la débacle de nombreuses autres Sociétés : la Greater Britain et la City of London notamment. Une refonte de notre législation apparait donc comme nécessaire ; il importe d'établir sur les opérations des Sociétés étrangères un contrôle inflexible et d'exiger des assureurs étrangers qu'ils aient en France des garanties tangibles et exclusivement destinées à servir de gage aux obligations contractées envers les assurés français.

(1) Voir « La Semaine, » assurances, n: du 15 janvier 1922.

Il existe entre assureurs français et assureurs étrangers une autre inégalité choquante qu'il conviendrait de faire disparaître dans l'intérêt de l'assurance française. Un certain nombre de Compagnies anglaises, qui réalisent pourtant en France des affaires très importantes, n'ont pas de représentants réguliers dans notre pays, la police étant supposée signée à Londres. Grâce à ce subterfuge, elles ne paient pas les mêmes impôts que nos Compagnies qui se trouvent, de ce fait, dans un état d'infériorité préjudiciable.

Un projet de loi prévoit d'ailleurs l'obligation pour tout courtier d'une Société étrangère n'ayant pas d'établissement en France, de souscrire avant toute opération une déclaration spéciale au Bureau de l'Enregistrement, et d'acquitter pour le compte de l'assureur étranger tous les droits auxquels sont assujettis les contrats d'assurance par les lois en vigueur. Il serait à souhaiter que ce projet de loi aboutisse au plus vite.

Les imperfections et les lacunes que nous venons de signaler s'expliquent dans une certaine mesure par la complexité de la tâche qui incombe au législateur. Il s'agit d'établir un système assez souple pour permettre à l'assurance de se développer sans entraves inutiles, tout en garantissant les droits légitimes de l'assuré et en réprimant les abus auxquels pourraient donner lieu le fonctionnement des Sociétés privées. Au surplus l'assurance n'est pas chose immuable : elle évolue, se transforme, s'étend ; des nécessités nouvelles surgissent. Le législateur doit se livrer à un perpétuel travail d'adaptation, afin que les lois ne se trouvent pas dépassées par les événements. Il arrive aussi qu'au contact de circonstances exceptionnelles, le fonctionnement normal des assurances se trouve provisoirement faussé. C'est ce qui s'est produit au cours de la dernière guerre. De tous les contrats dont la guerre a motivé la suspension, les contrats d'assurance et particulièrement d'assurance sur la vie, étaient ceux qui soulevaient les questions les plus délicates. Le risque de guerre, qui bouleversait toutes les tables de mortalité établies, était éliminé de presque toutes les polices. De plus, le moratorium s'appliquait aux créances de primes comme aux autres. Il convenait donc de régler les droits respectifs des Compagnies et des assurés. Ce fut l'œuvre d'une série de décrets périodiquement renouvables. Mais ce n'étaient que de simples mesures transitoires, et cette situation, en se prolongeant, n'aurait pu avoir que des inconvénients pour l'assureur et pour l'assuré. La loi du 29 juillet 1919 est venue régler définitivement la question : elle a ouvert aux assurés des options, en leur permettant, moyennant l'accomplissement rétrospectif de leurs obligations, d'obtenir d'être réintégrés dans tous leurs droits.

Il importe donc surtout en matière d'assurance que le législateur se tienne perpétuellement en éveil, prêt à modifier son œuvre et à l'adapter aux exigences de l'évolution économique. Ce travail d'adaptation a été jusqu'ici un peu lent et nous venons de voir que bien des réformes restaient à réaliser.

Cependant si notre législation des assurances n'est point parfaite, elle n'en a pas moins réussi à établir, le plus souvent, au profit de l'assuré, des garanties très appréciables. Si certaines réformes s'imposent, elles peuvent et doivent être réalisées dans ce cadre de liberté controlée qui a permis à l'assurance de prendre un si large développement.

Les assureurs honnêtes n'ont rien à redouter d'un contrôle attentif, aussi protecteur en somme de leurs légitimes intérêts que de ceux de leurs assurés C'est dans la mesure où la solidarité profonde de ces intérets sera plus fortement reconnue, consacrée, que l'assurance sera mieux en état de donner son maximum d'utilité et de prendre son plus vigoureux essor.

Vu : le 11 mai 1923,	Vu : le 14 mai 1923,
Le Président de Thèse :	Le Doyen :
ROCHE-AGUSSOL.	MOYE.

Vu et permis d'imprimer,

Montpellier, le 14 mai 1923,

Le Recteur :
COULET.

BIBLIOGRAPHIE

CHAUFTON (Albert). — Les assurances, leur présent, leur avenir. *Paris, Chevalier-Maresq,* 1884, 2 vol.

COURCY (Alfred de).— De l'assurance par l'Etat, 1881.

COURNOT. — Principes de théorie des richesses. Paris, Hachette, 1863.

COUTEAUX. — Le monopole des assurances. *Thèse Lille,* 1911.

DUPONT-WHITE. — L'individu et l'Etat. Paris, Guillaumin, 1865.

FARAVEILLE. — Réforme administrative. Albin Michel.

FONS (Georges). — Le monopole des assurances. *Thèse* Toulouse, 1912.

GAUVIN (Paul). — L'Etat assureur. Paris, Imprimerie centrale Jouhanneaud, 1892.

GROS (Ferdinand). — L'assurance, son sens historique et social. *Edition du B. O. E.,* 1920.

GUYOT (Yves). — La démocratie individualiste. Girard et Brière, 1907.

JULLIOT DE LA MORANDIÈRE. — De la réserve mathématique des primes dans l'assurance. *Thèse Paris,* 1909.

LAMBERT (William). — Le monopole des assurances. Berger-Levrault, 1910.

LAVELEYE (De). — Le socialisme contemporain. Paris, Alcan, 1902.

LEFEBVRE. — Le régime des sociétés d'assurance vie, la loi du 17 mars 1905 et les décrets subséquents. *Thèse Paris,* 1908.

LEROY-BEAULIEU (Paul). — Essai sur la répartition des richesses et sur la tendance à une moindre inégalité. Paris, Guillaumin, 1883.

— Projet de monopolisation des assurances par l'Etat. Paris, Duruy, 1905. Extrait de l'*Economiste français* des 4, 11 et 18 février 1905.

LYON-CAEN et RENAULT. — *Traité de droit commercial.* Paris, Librairie générale de droit, 1921.

NOUVION (De). — Le monopole des assurances. Alcan, 1918.

PARDESSUS. — Collection des lois maritimes antérieures au XVIIIe siècle. Imprimerie Royale, 1828-1845.

POUJAD (Albin). — Du contrôle de l'Etat en matière d'assurance et particulièrement d'assurance sur la vie. *Thèse Paris,* 1906.

SCHATZ (Albert). — L'entreprise gouvernementale et son administration. Grasset, 1922.

THALLER. — Traité général théorique et pratique de droit commercial. Paris, Rousseau, 1907.

VALÉRY (Jules). — Contrats d'assurance maritime au XIIIe siècle. Paris, Fontemoing, 1916.

VARNEY. — Le monopole des assurances sur la vie. *Th. Paris,* 1920.

VASSART et NOUVION-JACQUART. — La loi du 9 avril 1898 sur les accidents industriels. Larose, 1899.

VAVASSEUR. — Traité des sociétés civiles et commerciales. Paris, Marchal et Billard, 1892-1894. 2 vol.

WAGNER (Adolphe). — Traité de la science des finances. Traduction Roujat. Giard et Brière, 1909.

Recueil de documents relatifs aux assurances sur la vie réunis par le Ministère du Travail et de la Prévoyance sociale.

Rapport fait au nom de la Commission d'assurance et de prévoyance sociale de la Chambre des Députés et déposé à la séance du 6 février 1919, par M. Lairolle, sur les propositions Nadi et Théo Bretin, tendant au monopole des assurances et des réassurances. Ch. des Députés, 1919. Documents annexes, n° 5657.

Proposition de loi tendant à l'institution du monopole des assurances, présentée par M. Jules Nadi. Ch. des Députés; documents parlementaires, 1918, annexe 5027.

Rapport adressé à M. le Ministre du Commerce au nom de la Commission chargée d'étudier les dispositions législatives auxquelles pourraient être soumis les contrats d'assurance, par M. Lyon-Caen. Imprimerie nationale, 1904.

Petit Code Dalloz des asurances.

Revues et périodiques: L'Economiste Français; Journal des Economistes; Argus des assurances; Moniteur des assurances; La Prime; La Semaine, assurances.

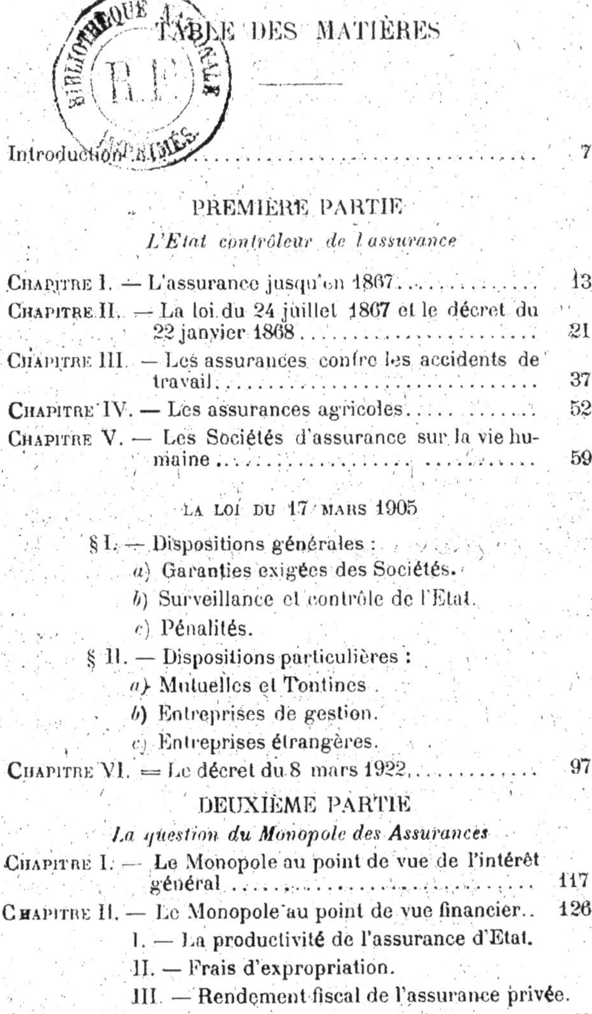

TABLE DES MATIÈRES

www.ingramcontent.com/pod-product-compliance
Ingram Content Group UK Ltd.
Pitfield, Milton Keynes, MK11 3LW, UK
UKHW020148220726
13923UKWH00001B/428

9 782329 037172